Friedrich Irschlinger
Helmut Dambach

Abrechnung von Kaug und Alg
in der Insolvenzpraxis

RWS-Skript 174

von
RA Friedrich Irschlinger, Mannheim
und
Helmut Dambach, Chemnitz

Abrechnung von Kaug und Alg in der Insolvenzpraxis

3., neubearbeitete Auflage

RWS Verlag Kommunikationsforum · Köln

Die Deutsche Bibliothek - CIP-Einheitsaufnahme

Irschlinger, Friedrich:
Abrechnung von Kaug und Alg in der Insolvenzpraxis
/ von Friedrich Irschlinger ; Helmut Dambach. - 3., neubearb.
Aufl. - Köln: RWS -Verl. Kommunikationsforum, 1997
 (RWS-Skript ; 174)
 ISBN 3-8145-1174-3

© 1997 RWS Verlag Kommunikationsforum GmbH
Postfach 27 01 25, 50508 Köln

Alle Rechte vorbehalten. Ohne ausdrückliche Genehmigung des Verlages ist es auch nicht gestattet, das Skript oder Teile daraus in irgendeiner Form (durch Fotokopie, Mikrofilm oder ein anderes Verfahren) zu vervielfältigen.

Umschlaggestaltung: Jan P. Lichtenford, Mettmann

Druck und Verarbeitung: Hundt Druck GmbH, Köln

Inhaltsverzeichnis

		Rz.	Seite
Abkürzungsverzeichnis			VII
I. Konkursausfallgeld		1	1
1. Grundvoraussetzungen für den Anspruch		2	1
a) Persönliche		2	1
b) Sachliche		21	5
2. Umfang des Anspruchs auf Konkursausfallgeld		73	16
3. Höhe der Leistung		122	27
4. Verfahren		138	30
a) Pflichten des Arbeitnehmers		138	30
b) Pflichten des Arbeitgebers/Konkursverwalters		143	31
c) Anspruchsübergang		162	35
5. Abtretung des Konkursausfallgeldanspruchs		177	38
6. Konkursausfallgeldansprüche Dritter		195	41
II. Arbeitslosengeld		206	45
Vorbemerkung		206	45
1. Anspruchsvoraussetzungen		218	47
a) Beitragspflichtige Beschäftigung		219	48
b) Persönliche Voraussetzungen für den Bezug von Arbeitslosengeld		235	52
aa) Arbeitslosigkeit		237	52
bb) Verfügbarkeit für die Arbeitsvermittlung		246	54
(1) Objektive Arbeitsbereitschaft		246	54
(2) Subjektive Arbeitsbereitschaft		258	57
(3) Residenzpflicht		261	57
cc) Anwartschaftszeit		267	59
(1) Beitragspflichtige Beschäftigung		267	59
(2) Gleichgestellte Zeiten		274	60
(dd) Arbeitslosmeldung		277	61
(ee) Antragstellung		281	62

Inhaltsverzeichnis

		Rz.	Seite
2.	Umfang des Anspruchs	285	63
	a) Anspruchsdauer	286	63
	b) Höhe des Anspruchs	296	65
3.	Ruhenstatbestände	317	69
	a) Entgeltansprüche	317	69
	b) Ansprüche auf Sozialleistungen	333	73
	c) Sperrzeiten	340	74
	aa) Sperrzeit bei Beendigung eines Arbeitsverhältnisses	342	74
	bb) Sperrzeit wegen Arbeitsablehnung	362	79
4.	Verfahren	369	80
	a) Pflichten des Arbeitnehmers	369	80
	b) Pflichten des Arbeitgebers/Konkursverwalters	382	83
5.	Anspruchsübergänge	395	86
	a) Erstattung von Arbeitslosengeld	395	86
	b) Erstattung von Beiträgen zur Sozialversicherung	411	90

Entscheidungsregister   93

Abkürzungsverzeichnis

a. A.	anderer Auffassung
aaO	am angebenen Ort
Abs.	Absatz
AFG	Arbeitsförderungsgesetz
AFKG	Arbeitsförderungs-Konsoldierungsgesetz
AG	Amtsgericht
Alg	Arbeitslosengeld
Alhi	Arbeitslosenhilfe
Alt.	Alternative
AngKSchG	Gesetz über die Fristen für die Kündigung von Angestellten
Anm.	Anmerkung
AP	Nachschlagewerk des Bundesarbeitsgerichts
ArbG	Arbeitsgericht
ArbZG	Arbeitszeitgesetz
ARFG	Arbeitsförderungs-Reformgesetz
Art.	Artikel
AVAVG	Gesetz über Arbeitsvermittlung und Arbeitslosenbersicherung
BA	Bundesanstalt für Arbeit
BAG	Bundesarbeitsgericht
BAGE	Amtliche Sammlung der Entscheidungen des BAG
BB	Betriebs-Berater
Beiträge	Beiträge zur Sozial- und Arbeitslosenversicherung (Zeitschrift)
Beschl.	Beschluß
BetrAVG	Gesetz zur Verbesserung der betrieblichen Altersversorgung
BetrVG	Betriebsverfassungsgesetz
BGB	Bürgerliches Gesetzbuch
BGBl	Bundesgesetzblatt
BGH	Bundesgerichtshof
BGHZ	Amtliche Sammlung der Entscheidungen des BGH in Zivilsachen

Abkürzungsverzeichnis

BMA	Bundesminister für Arbeit und Sozialordnung
BR-Drucks.	Bundesrats-Drucksache
Breithaupt	Sammlung von Entscheidungen aus dem Gebiet der Sozialversicherung, Versorgung und Arbeitslosenversicherung
BSG	Bundessozialgericht
BSGE	Amtliche Sammlung der Entscheidungen des BSG
BSHG	Bundessozialhilfegesetz
BUrlG	Bundesurlaubsgesetz
BVerfG	Bundesverfassungsgericht
DA	Dienstanweisung
DB	Der Betrieb
Dbl R der BA	Dienstblatt Rechtsprechung der Bundesanstalt für Arbeit
d. h.	das heißt
EStG	Einkommensteuergesetz
EWiR	Entscheidungen zum Wirtschaftsrecht
f/ff	folgende
Gagel	AFG, Loseblatt-Kommentar, 3. Auflage 1996
GK-AFG	Gemeinschaftskommentar zum Arbeitsförderungsgesetz, Loseblatt, Stand Juli 1997
HGB	Handelsgesetzbuch
i. S. d.	im Sinne des
i. S. v.	im Sinne von
i. V. m.	in Verbindung mit
Kaug	Konkursausfallgeld
KO	Konkursordnung
Kuhn/Uhlenbruck	KO, Kommentar, 11. Auflage, 1994
KTS	Konkurs-, Treuhand- und Schiedsgerichtswesen, ab 1989: Zeitschrift für Insolvenzrecht
LAG	Landesarbeitsgericht
LSG	Landessozialgericht
NJW	Neue Juristische Wochenschrift
NJW-RR	NJW-Rechtsprechungs-Report Zivilrecht
Nr.	Nummer
NZA	Neue Zeitschrift für Arbeits- und Sozialrecht

Abkürzungsverzeichnis

OHG	offene Handelsgesellschaft
RegE	Regierungsentwurf
S.	Seite
SGB	Sozialgesetzbuch
SozR	Sozialrecht, Rechtsprechung und Schrifttum, bearbeitet von Richtern des BSG
StGB	Strafgesetzbuch
u. ä.	und ähnliches
Urt.	Urteil
v.	vom
v. H.	vom Hundert
VglO	Vergleichsordnung
WM	Wertpapier-Mitteilungen
z. B.	zum Beispiel
ZIP	Zeitschrift für Wirtschaftsrecht
ZPO	Zivilprozeßrecht
Zumutbarkeits-AO	Anordnung des Verwaltungsrats der Bundesanstalt für Arbeit über die Beurteilung der Zumutbarkeit einer Beschäftigung vom 16. März 1982

I. Konkursausfallgeld

Durch das Gesetz zur Reform der Arbeitsförderung (Arbeitsförderungs- 1
Reformgesetz - AFRG) vom 24. März 1997 (BGBl I, 595 ff) werden mit
Wirkung ab 1. Januar 1999 die Vorschriften des Arbeitsförderungsgesetzes über Konkursausfallgeld und mit Bezug auf das Konkursausfallgeld aufgehoben (Art. 82 Abs. 2) und treten die Vorschriften des SGB III über das Insolvenzgeld und mit Bezug auf das Insolvenzgeld in Kraft (Art. 83 Abs. 5). Die Vorschriften über das Insolvenzgeld (§§ 183 ff SGB III), welche ab 1. Januar 1999 Anwendung finden, werden jeweils parallel im folgenden zitiert werden.

1. Grundvoraussetzungen für den Anspruch
a) Persönliche

Anspruch auf Konkursausfallgeld besitzen Arbeitnehmer (§ 141a AFG/ 2
§ 183 Abs. 1 SGB III).

Zu den Arbeitnehmern i. S. v. § 141a AFG/§ 183 Abs. 1 SGB III zählen 3
zweifelsohne die Arbeiter, Angestellten, Auszubildenden, Praktikanten sowie Heimarbeiter.

> Kuhn/Uhlenbruck, KO, § 59 Anm. 15 b.

Unter den Arbeitnehmerbegriff i. S. d. § 141a AFG/§ 183 Abs. 1 SGB III 4
können auch Organmitglieder juristischer Personen, welche keinen beherrschenden Einfluß auf die Gesellschaft ausüben und ausüben können, subsumiert werden. Nach Auffassung des Bundesgerichtshofs ist der Insolvenzschutz der Geschäftsführerbezüge nach dem Gesetz zur Verbesserung der betrieblichen Altersversorgung und der Konkursordnung einheitlich zu beurteilen, so daß Personen, deren Betriebsrenten im Konkurs geschützt sind, auch Anspruch auf Konkursausfallgeld besitzen.

> BGH, Urt. v. 28. 4. 1980 - II ZR 254/78,
> BGHZ 77, 94 = ZIP 1980, 453
> = AP Nr. 1 zu § 17 BetrAVG (Anm. Beitzke).

Diese Auffassung wird in dieser allgemeinen Aussage durch das Bundes- 5
sozialgericht nicht geteilt, sondern wesentlich differenzierter beurteilt. Abgrenzungskriterien stellen zunächst die Vorschriften über die Beitragspflicht (§§ 167 - 186 AFG/§§ 341 - 351 SGB III) dar. Die Verweisung von § 173a AFG auf § 7 Abs. 1 SGB IV dient zur Abgrenzung der Arbeitnehmer von den Selbständigen. Die von der Rechtsprechung zur Ver-

I. Konkursausfallgeld

sicherungspflicht der Arbeitnehmer und Angestellten in der Kranken- und Rentenversicherung entwickelten Grundsätze sind entsprechend anzuwenden.

> BSG, Urt. v. 29. 7. 1982 - 10 RAr 9/81,
> ZIP 1982, 1230 = AP Nr. 5 zu § 141b AFG.

6 Wesentliches Merkmal eines versicherungspflichtigen Arbeitnehmers ist demnach die persönliche, nicht jedoch die wirtschaftliche Abhängigkeit.

> BSG, Urt. v. 29. 1. 1981 - 12 RK 63/79,
> BSGE 51, 164, 165, 167.

7 Im Rahmen der Kaug-Voraussetzungen ist der Arbeitnehmerbegriff jedoch weiter als bei der Arbeitslosenversicherung oder Arbeitslosenhilfe, da auch die Ansprüche von Studenten, Aushilfen, geringfügig Beschäftigten i. S. v. § 8 SGB IV vom Kaug erfaßt sind.

8 Bei den Gesellschafter-Geschäftsführern ist im Einzelfalle die Prüfung anzustellen, ob eine persönliche Abhängigkeit des Geschäftsführers gegenüber der Gesellschaft bestand.

> BAG, Urt. v. 27. 6. 1985 - 2 AZR 425/84,
> ZIP 1986, 1213 = AP Nr. 2 zu § 1 AngKSchG;
> dazu EWiR 1986, 903 (Miller).

9 Die persönliche Abhängigkeit wird durch das Bundessozialgericht beim Gesellschafter-Geschäftsführer dann verneint, wenn die Kapitalbeteiligung 50 % oder mehr des Stammkapitals beträgt.

> BSG, Urt. v. 24. 6. 1982 - 12 RK 43/81,
> BB 1984, 1049.

10 Hieraus kann jedoch keineswegs der Schluß gezogen werden, daß derjenige Gesellschafter-Geschäftsführer, welcher weniger als 50 % des Stammkapitals hält, versicherungspflichtiger Arbeitnehmer ist, sondern es ist in jedem Einzelfalle die Prüfung der persönlichen Abhängigkeit des Geschäftsführers gegenüber der Gesellschaft anzustellen.

> BAG, Urt. v. 27. 6. 1985 - 2 AZR 425/84,
> ZIP 1986, 1213, 1216.

11 Nach Ansicht des Bundessozialgerichts ist es unerheblich, in welchem Umfange ein Gesellschafter-Geschäftsführer am Stammkapital der Gesellschaft beteiligt ist. Der Geschäftsführer, insbesondere der Gesellschafter-

1. Grundvoraussetzungen für den Anspruch

Geschäftsführer, sei nur dann Arbeitnehmer im Sinne des Sozialversicherungsrechtes, wenn er die wesentlichen wirtschaftlichen Entscheidungen tatsächlich nicht allein mehr treffen kann. Für die Arbeitnehmereigenschaft ist es unerheblich, ob er durch die Einzugsstelle als versicherungspflichtig in der Renten- und Arbeitslosenversicherung behandelt wurde, da die Kaug-Versicherung nicht zu diesen Versicherungszweigen gehört.

BSG, Urt. v. 23. 9. 1982 - 10 RAr 10/81,
ZIP 1983, 103, 104.

Aus der Höhe der Kapitalbeteiligung des Gesellschafter-Geschäftsführers 12 ergibt sich nicht ohne weiteres das Ausmaß des möglichen Einflusses auf die Gesellschaft, weshalb ein über einen Treuhandvertrag mehrheitlich beteiligter Geschäftsführer dann in einem beitragspflichtigen Beschäftigungsverhältnis steht, wenn der Gesellschafter-Geschäftsführer durch das Treuhandverhältnis ihm nicht genehme Beschlüsse der Gesellschaft nicht verhindern kann.

BSG, Urt. v. 30. 1. 1997 - 10 RAr 6/95,
ZIP 1997, 1120, 1122.

Unabhängig von der Größe einer Aktiengesellschaft und von einer even- 13 tuellen Kapitalbeteiligung des Vorstandsmitgliedes, haben Vorstandsmitglieder einer insolvent gewordenen Aktiengesellschaft keinen Anspruch auf Konkursausfallgeld, da ihnen die Arbeitnehmereigenschaft i. S. v. §§ 141a, 141b AFG/§§ 183, 184 SGB III fehlt.

BSG, Urt. v. 22. 4. 1987 - 10 RAr 6/86,
BSGE 61, 282 = ZIP 1987, 924;
dazu EWiR 1987, 837 (Timm).

Ein Anspruch auf Kaug besteht auch dann, wenn der Arbeitnehmer für 14 den insolvent gewordenen inländischen Arbeitgeber im Ausland gearbeitet hat, sofern die Tätigkeit im Ausland zeitlich begrenzt war und der rechtliche und tatsächliche Schwerpunkt des Arbeitsverhältnisses im Inland lag.

BSG, Urt. v. 21. 9. 1983 - 10 RAr 6/82,
ZIP 1984, 469.

Zumindest für Ansprüche nach dem BetrAVG ist zweifelhaft, ob arbeits- 15 rechtliche Rechtsbeziehungen zwischen dem Trägerunternehmen und dem Arbeitnehmer für den Insolvenzschutz vorliegen müssen.

I. Konkursausfallgeld

BAG, Urt. v. 25. 10. 1988 - 3 AZR 64/87,
ZIP 1989, 259, 260 = AP Nr. 46 zu § 7 BetrAVG;
dazu EWiR 1990, 327 (Willemsen).

16 Der Wohnsitz und die Nationalität des Arbeitnehmers spielen als Voraussetzungen für den Kaug-Anspruch keine Rolle. Anknüpfungspunkt ist allein, daß es sich um einen inländischen Konkurs handelt, also daß sich die Voraussetzungen von § 141a AFG/§ 183 SGB III beim Arbeitgeber im Inland verwirklichen.

17 Seit der Änderung des § 141b Abs. 1 Satz 2 AFG/§ 183 Abs. 3 SGB III mit Wirkung vom 1. Januar 1993 besitzen die Erben eines verstorbenen Arbeitnehmers Kaug-Ansprüche, sofern der Arbeitnehmer vor dem Insolvenzereignis verstorben ist. Damit ist durch Gesetzesänderung die Entscheidung des Bundessozialgerichts vom 11. März 1987 überholt.

BSG, Urt. v. 11. 3. 1987 - 10 RAr 1/86,
ZIP 1987, 795 = AP Nr. 11 zu § 141b AFG.

18 Die Hausgewerbetreibenden stellen keine Arbeitnehmer i. S. d. § 141a AFG/§ 183 SGB III dar, so daß ihnen Kaug nicht zu gewähren ist. Durch den Einsatz eigener Maschinen oder sonstigen Kapitaleinsatzes und den Umfang des dadurch erzielten Verdienstes erscheinen sie als selbständige Gewerbetreibende, so daß es an dem Merkmal der abhängigen Tätigkeit fehlt.

Gagel, AFG, § 141a Anm. 4.

19 Die Änderung des § 101 Abs. 2 AFG durch Art. 2 § 9 Nr. 3 des Sozialgesetzbuchs vom 23. Dezember 1976 (BGBl I, 3845) änderte an dieser Rechtslage nichts. Gemäß § 12 Abs. 1 SGB IV zählen die Hausgewerbetreibenden zu den selbständig Tätigen. Sie besitzen deshalb weder Anspruch auf Alg noch auf Kaug.

Gagel, AFG, § 101 Anm. 48.

20 Die unterschiedliche Behandlung von Heimarbeitern und Hausgewerbetreibenden ist verfassungskonform.

BSG, Urt. v. 27. 11. 1980 - 8b/12 RAr 10/79,
BSGE 50, 174 = ZIP 1981, 134
= AP Nr. 4 zu § 141b AFG.

1. Grundvoraussetzungen für den Anspruch

b) Sachliche

Die Anspruchsvoraussetzungen ergeben sich aus § 141b AFG/§ 183 Abs. 1 SGB III. 21

Anspruchsvoraussetzung für Kaug ist alternativ: 22

- die Eröffnung des Konkursverfahrens über das Vermögen des Arbeitgebers (§ 141b Abs. 1 AFG/§ 183 Abs. 1 Nr. 1 SGB III);
- die Abweisung des Antrages auf Eröffnung des Konkursverfahrens mangels Masse (§ 141b Abs. 3 Nr. 1 AFG/§ 183 Abs. 1 Nr. 2 SGB III);
- die vollständige Beendigung der Betriebstätigkeit im Geltungsbereich dieses Gesetzes, wenn ein Antrag auf Eröffnung des Konkursverfahrens nicht gestellt worden ist und ein Konkursverfahren offensichtlich mangels Masse nicht in Betracht kommt (§ 141b Abs. 3 Nr. 2 AFG/§ 183 Abs. 1 Nr. 3 SGB III).

Die vorstehend beschriebenen Insolvenzereignisse lösen den Anspruch auf Kaug aus, gleichgültig, ob diese später z. B. im Beschwerdeverfahren oder durch Rücknahme des Antrages vor Rechtskraft des Beschlusses in Wegfall geraten. Da die Kaug-Versicherung an tatsächliche Ereignisse anknüpft, ist allein ausschlaggebend die Tatsache der Konkurseröffnung, die mit Unterzeichnung des Eröffnungsbeschlusses erfolgt (§ 108 KO). Soweit in den Durchführungsanweisungen der Bundesanstalt für Arbeit vom 5. Oktober 1976 darauf hingewiesen wird, daß im Falle der rechtskräftigen Aufhebung des Eröffnungsbeschlusses der ursprüngliche Beschluß für die Bestimmung des Insolvenztages keine Bedeutung hat (DA 2.3.5 Abs. 1 Satz 1), widerspricht dies der Rechtslage. Bei Eröffnung des Konkursverfahrens entsteht der Anspruch mit der Unterzeichnung des Eröffnungsbeschlusses durch den Richter. 23

BGH, Urt. v. 12. 6. 1968 - VIII ZR 92/66,
BGHZ 50, 242, 247 = NJW 1968, 2106.

Im Falle der **Anschlußkonkurseröffnung** ist zu unterscheiden. 24

Wird die Eröffnung des Vergleichsverfahrens abgelehnt und zugleich gemäß § 19 Abs. 1 VglO das Anschlußkonkursverfahren eröffnet, treten keine Besonderheiten auf. 25

I. Konkursausfallgeld

26 Wenn jedoch die Bestätigung des Vergleichs versagt und gemäß § 80 Abs. 1 VglO über die Konkurseröffnung entschieden wird, gilt eine Ausnahme. In diesem Falle wird die Konkurseröffnung gemäß § 80 Abs. 3 VglO erst mit Rechtskraft des Beschlusses wirksam. Hieraus hat das Bundessozialgericht zu Recht die Folgerung gezogen, daß für den Zeitraum zwischen Erlaß des Eröffnungsbeschlusses und Eintritt der Rechtskraft Kaug geschuldet wird, da es sich bei dieser Fallgestaltung um einen "der Eröffnung des Konkursverfahrens vorausgehenden" Zeitraum i. S. d. § 141b Abs. 1 AFG/§ 183 Abs. 1 Nr. 1 SGB III handle.

BSG, Urt. v. 27. 6. 1980 - 8b/12 RAr 8/79,
ZIP 1980, 781.

27 Sofern mehrere Insolvenzereignisse vorliegen, ist für die Erfüllung der Anspruchsvoraussetzungen das zeitlich erste Insolvenzereignis maßgebend.

BSG, Urt. v. 17. 12. 1975 - 7 RAr 17/75,
BSGE 41, 121.

28 Nur in extremen Ausnahmefällen, in denen sich nach dem ersten Insolvenzereignis die Vermögenslage des Arbeitgebers soweit gebessert hat, daß der Konkursgrund eindeutig in Wegfall geraten ist, kann ein späteres Insolvenzereignis neuerlich Kaug-Ansprüche für die Arbeitnehmer auslösen.

BSG, Urt. v. 29. 2. 1984 - 10 RAr 14/82,
ZIP 1984, 1123, 1124.

29 Allein das Erbringen von Zahlungen bedeutet für sich allein nicht, daß die Zahlungsfähigkeit wiedererlangt ist.

BSG, Urt. v. 11. 1. 1989 - 10 RAr 7/87,
ZIP 1989, 460 = KTS 1989, 698
= NZA 1989, 485.

30 Auch dann, wenn der Konkursverwalter den Betrieb nach Konkurseröffnung längere Zeit fortführt, stellt die spätere Betriebseinstellung oder die Einstellung des Verfahrens nach § 204 KO kein neues Insolvenzereignis dar. Solange die auf einem bestimmten Insolvenzereignis beruhende Zahlungsunfähigkeit andauert, kann kein neues Insolvenzereignis i. S. v. § 141b Abs. 1, 3 AFG/§ 183 Abs. 1 Nr. 1, 2 SGB III eintreten und Ansprüche auf Kaug auslösen.

1. Grundvoraussetzungen für den Anspruch

> BSG, Urt. v. 17. 5. 1989 - 10 RAr 10/88,
> ZIP 1989, 1270 = AP Nr. 12 zu § 141b AFG
> = KTS 1989, 913 = NZA 1989, 773.

Das Insolvenzereignis endet erst mit dem Ende des Konkursverfahrens. Aus diesem Grunde erwerben Arbeitnehmer, welche bei einer Betriebsfortführung nach Konkurseröffnung durch den Konkursverwalter eingestellt werden, auch dann keinen Kaug-Anspruch, wenn über das Vermögen des Konkursverwalters ein Konkursverfahren eröffnet wird. Es fehlt an einem Insolvenzereignis i. S. d. § 141b AFG/§ 183 Abs. 1 SGB III, da der Konkursverwalter nur als Repräsentant der Konkursmasse Arbeitgeber ist und nicht persönlich. 31

> BSG, Urt. v. 18. 7. 1989 - 10 RAr 11/88,
> NZA 1990, 118.

Entsprechendes gilt, wenn das Verfahren nach § 204 KO eingestellt wird und die Masseschuldansprüche der Arbeitnehmer nach § 59 Abs. 1 Nr. 1 und 2 KO nicht oder nur quotal erfüllt werden. 32

Schwierigkeiten in der Praxis bereitet die Anspruchsvoraussetzung für Kaug nach § 141b Abs. 3 Nr. 2 AFG (§ 183 Abs. 1 Nr. 3 SGB III). 33

Tatbestandsmerkmal des als Auffangtatbestand ausgebildeten § 141b Abs. 3 Nr. 2 AFG (§ 183 Abs. 1 Nr. 3 SGB III) ist zunächst die vollständige Beendigung der Betriebstätigkeit. Ob die Betriebstätigkeit vollständig eingestellt ist, richtet sich nach der Betriebsart. Demgemäß genügt die Einstellung der Produktion allein nicht, wenn der Betrieb die hergestellten Waren auch verkaufte. Solange noch Abwicklungsarbeiten getätigt werden, liegt eine vollständige Beendigung der Betriebstätigkeit nicht vor. 34

> BSG, Urt. v. 5. 6. 1981 - 10/8b RAr 3/80,
> BSGE 52, 40 = ZIP 1981, 1112, 1113,

Neben der Betriebseinstellung ist weitere Voraussetzung, daß die Eröffnung eines Konkursverfahrens offensichtlich mangels Masse nicht Betracht kommt. 35

Ursprünglich ging das Bundessozialgericht davon aus, daß kumulativ die Betriebseinstellung und die Offenkundigkeit, daß ein Konkursverfahren mangels Masse nicht zur Eröffnung gelangt, vorliegen müssen. 36

> BSG, Urt. v. 17. 7. 1979 - 12 RAr 15/78,
> BSGE 48, 269 = ZIP 1980, 126.

I. Konkursausfallgeld

37 Diese Auffassung wurde in relativ kurzer Zeit revidiert. Kaug ist bereits dann zu gewähren, wenn alle äußeren Tatsachen und somit ein Anschein für eine Masseunzulänglichkeit sprechen. Zweifel an der Masseunzulänglichkeit berechtigen die Bundesanstalt für Arbeit nicht, einen Antrag auf Kaug abzulehnen, zumal durch den Übergang der Entgeltansprüche nach § 141m AFG (§ 187 SGB III) ein Nachteil für die Bundesanstalt für Arbeit nicht zu erblicken ist. Ausreichend für "offensichtlich" i. S. d. § 141b Abs. 3 Nr. 2 AFG (§ 183 Abs. 1 Nr. 3 SGB III) ist der Hinweis des Arbeitgebers an seine Arbeitnehmer, er könne wegen Vermögenslosigkeit die Entgeltansprüche nicht mehr erfüllen.

BSG, Urt. v. 23. 11. 1981 - 10/8b RAr 6/80,
BSGE 53, 1 = ZIP 1982, 469, 470.

38 Damit entspricht die Auslegung des Begriffs "offensichtlich" durch das Bundessozialgericht derjenigen des Bundesarbeitsgerichts zu dem wörtlich gleichen Begriff in § 7 Abs. 1 Satz 3 Nr. 4 BetrAVG.

BAG, Urt. v. 11. 9. 1980 - 3 AZR 544/79,
BAGE 34, 146 = ZIP 1981, 307.

39 Die Beweislast für das Tatbestandsmerkmal "offensichtliche Masseunzulänglichkeit" trägt derjenige, welcher Kaug-Ansprüche geltend macht.

BSG, Urt. v. 22. 9. 1993 - 10 RAr 9/91,
ZIP 1993, 1716, 1718;
dazu EWiR 1993, 1147 (Gagel).

40 Einem Arbeitnehmer dürfte mangels Unterlagen dieser Nachweis kaum gelingen, wobei auch bei Zweifel an der Masseunzulänglichkeit ein Kaug-Versicherungsfall gegeben sein kann.

BSG, Urt. v. 22. 9. 1993 - 10 RAr 9/91,
ZIP 1993, 1716, 1718.

41 Ein unzulässiger Konkursantrag entfaltet keine Sperrwirkung i. S. v. § 141b Abs. 3 Nr. 2 AFG (§ 183 Abs. 1 Nr. 3 SGB III). Gleiches gilt für einen zurückgenommenen Konkursantrag.

BSG, Urt. v. 30. 10. 1991 - 10 RAr 3/91,
BSGE 70, 9 = ZIP 1992, 197;
dazu EWiR 1992, 209 (Voelzke).

42 Ausländische Insolvenzereignisse lassen einen Anspruch auf Kaug im Inland nicht entstehen. Ein Anspruch auf Konkursausfallgeld besteht jedoch

1. Grundvoraussetzungen für den Anspruch

dann, wenn der Arbeitnehmer für einen insolvent gewordenen inländischen Arbeitgeber im Ausland gearbeitet hat, sofern das Arbeitsverhältnis zeitlich begrenzt war und der rechtliche und tatsächliche Schwerpunkt des Arbeitsverhältnisses im Inland lag.

> BSG, Urt. v. 21. 9. 1983 - 10 RAr 6/82,
> ZIP 1984, 469.

Es spielt somit der Wohnsitz und die Nationalität des Arbeitnehmers keine Rolle, sondern Anknüpfungspunkt ist, daß es sich um einen inländischen Konkurs handelt, daß sich also beim Arbeitgeber die Voraussetzungen von § 141b AFG (§ 183 SGB III) im Inland verwirklichen. **43**

Auch der Sitz des Arbeitgebers im Inland ist entgegen des anscheinend klaren Wortlauts von § 141b Abs. 3 Nr. 2 AFG (§ 183 Abs. 1 Nr. 3 SGB III) nicht ausschlaggebend. Anknüpfungspunkt der Ansprüche aus der Kaug-Versicherung ist primär die Zahlungsunfähigkeit des Arbeitgebers (§ 141a AFG), wobei dieses Tatbestandsmerkmal der Zahlungsunfähigkeit des Arbeitgebers in § 183 Abs. 1 SGB III aufgegeben wird. Die Zahlungsunfähigkeit ist jedoch nicht allein nach den in der Bundesrepublik Deutschland gegebenen Tatsachen zu beurteilen, sondern es sind die gesamten Vermögensverhältnisse eines ausländischen Arbeitgebers zu berücksichtigen. Aus diesem Grunde ist als leistungsauslösender Faktor für die Ansprüche nach § 141a AFG auch ein im Ausland eingetretener Umstand zu werten, welcher im Ergebnis einem der Tatbestände des § 141b Abs. 1 AFG oder § 141b Abs. 3 Nr. 1 und 2 AFG (§ 183 Abs. 1 SGB III) entspricht. Voraussetzung ist für das Auslösen der Kaug-Ansprüche nur, daß durch das ausländische Unternehmen in der Bundesrepublik Deutschland eine Betriebstätigkeit ausgeübt wurde. **44**

> BSG, Urt. v. 23. 11. 1981 - 10/8b RAr 8/80,
> ZIP 1982, 718, 719.

Obgleich die obige Entscheidung des Bundessozialgerichts primär zu den Beitragsansprüchen eines Sozialversicherungsträgers nach § 141n AFG (§ 208 Abs. 1 SGB III) ergangen ist, kann sie der Begründung nach ausgedehnt werden auf die Ansprüche der Arbeitnehmer nach § 141a AFG. Danach löst ein im Ausland sich verwirklichendes Ereignis, das einer Konkurseröffnung oder dem Tatbestand des § 141b Abs. 3 Nr. 2 AFG (§ 183 Abs. 1 Nr. 3 SGB III) entspricht, im Falle einer Betriebstätigkeit im Inland Kaug-Ansprüche der inländischen Beschäftigten aus. **45**

I. Konkursausfallgeld

46 Für den Anspruch auf Kaug ist irrelevant, ob das insolvente Unternehmen der Beitragspflicht nach § 186c - d AFG (§§ 340 f SGB III) unterliegt oder nicht oder dieser Beitragspflicht nachgekommen ist.

Gagel, AFG, § 141a Anm. 13.

47 Nach § 141b Abs. 1 AFG (§ 183 Abs. 1 SGB III) sind Kaug-geschützt die Arbeitsentgeltansprüche für die letzten der Eröffnung des Konkursverfahrens vorausgehenden 3 Monate des Arbeitsverhältnisses. Dies bedeutet nicht, daß es sich bei dem durch Kaug geschützten Arbeitsverhältnis nur um das letzte Arbeitsverhältnis bei dem insolventen Arbeitgeber handeln muß. Von dem Schutz nach § 141b Abs. 1 AFG (§ 183 Abs. 1 SGB III) sind auch diejenigen Fälle erfaßt, in den mehrere Arbeitsverhältnisse bei dem insolventen Arbeitgeber bestanden haben, soweit diese nur in den maßgeblichen Drei-Monats-Zeitraum fallen.

BSG, Urt. v. 23. 10. 1984 - 10 RAr 12/83,
ZIP 1985, 109, 110 = AP Nr. 8 zu § 141b AFG;
dazu EWiR 1985, 3 (Gagel).

48 Früher vertrat das Bundessozialgericht die Auffassung, daß Kaug auch für diejenigen Stunden am Konkurseröffnungstag zu zahlen sei, welche vor der Stunde des Konkurseröffnungsbeschlusses liegen.

BSG, Urt. v. 8. 3. 1979 - 12 RAr 54/77,
BB 1979, 1609.

49 Unter Hinweis auf die Regelung des § 187 Abs. 1 BGB i. V. m. § 26 Abs.1 SGB X gab dann das Bundessozialgericht diese Rechtsprechung auf.

BSG, Urt. v. 22. 3. 1995 - 10 RAr 1/94,
BSGE 76, 67 = ZIP 1995, 935, 940;
dazu EWiR 1995, 729 (Irschlinger);
BSG, Urt. v. 12. 12. 1995 - 10 RAr 1/95,
ZIP 1996, 758, 761.

50 Die Rechtsprechung nimmt die Grenzziehung, daß Kaug-geschützt nur die Entgeltansprüche der letzten 3 Monate des Arbeitsverhältnisses vor Konkurseröffnung sind (§ 141b Abs. 1 AFG/§ 183 Abs. 1 SGB III), zu Recht sehr ernst. Dennoch sind diejenigen Arbeitnehmer, welche in Unkenntnis eines Insolvenzereignisses weiterarbeiten, hinsichtlich ihrer Entgeltansprüche Kaug berechtigt (§ 141b Abs. 4 AFG/§ 183 Abs. 2 SGB III). Dieses ist Folge der mangelnden Publizität eines Beschlusses über die Ab-

1. Grundvoraussetzungen für den Anspruch

weisung der Eröffnung eines Konkursverfahrens mangels Masse, welche nicht zu Lasten der schutzwürdigen Belange der Arbeitnehmer gehen soll.

Auch bei Weiterarbeit in Unkenntnis des Insolvenzereignisses gilt die Antragsfrist des § 141e Abs. 1 Satz 2 AFG (§ 324 Abs. 3 SGB III). Fristbeginn ist nicht die Kenntnisnahme von dem Insolvenzereignis, sondern das Datum der Entscheidung über den Konkursantrag. Die Sonderregelung des § 141b Abs. 4 AFG (§ 183 Abs. 2 SGB III) eröffnet auch nur dann eine weitere Antragsfrist, wenn die Unkenntnis nicht zu vertreten war, d. h., der Arbeitnehmer sich mit der erforderlichen Sorgfalt um die Durchsetzung seiner Ansprüche bemühte und er ohne Verschulden nichts von der Insolvenz seines Arbeitgebers wußte.   **51**

> BSG, Urt. v. 30. 4. 1996 - 10 RAr 8/94,
> ZIP 1996, 1623, 1624;
> dazu EWiR 1996, 961 (Peters-Lange).

Seit der Änderung des § 141b Abs. 4 AFG mit Wirkung vom 1. Januar 1993 gilt dies auch dann, wenn in Unkenntnis eines zuvor eingetretenen Insolvenzereignisses das Arbeitsverhältnis erst neu begründet wird. Damit sind die Entscheidungen des Bundessozialgerichts vom 19. März 1986 und 22. Februar 1989 durch die Gesetzesänderung überholt.   **52**

> BSG, Urt. v. 19. 3. 1986 - 10 RAr 8/85,
> ZIP 1986, 791;
> dazu EWiR 1986, 739 (Gagel);
> BSG, Urt. v. 22. 2. 1989 - 10 RAr 7/88,
> KTS 1989, 702.

Da ein grundlegender Schutz der Entgeltansprüche der Arbeitnehmer durch die Einführung der Kaug-Versicherung im Jahre 1974 bezweckt war, was auch zum 5. AFG-Änderungsgesetz führte, mit welchem z. B. § 141b Abs. 4 AFG eingeführt wurde, ist die Gesetzesänderung ein weiterer Schritt zur Verwirklichung dieses Ziels. Der Wertungswiderspruch in der Behandlung der Arbeitnehmeransprüche je nachdem, ob der Arbeitnehmer in Unkenntnis des Insolvenzereignisses weiterarbeitete oder in dieser Unkenntnis ein Arbeitsverhältnis neu begründete, ist damit aufgegeben.   **53**

Die Änderung des § 141b Abs. 4 AFG wurde auch in § 183 Abs. 2 SGB III übernommen und die Weiterarbeit sowie die Neubegründung eines Arbeitsverhältnisses in Unkenntnis des Insolvenzereignisses für die Anspruchsvoraussetzung auf Kaug gleichgestellt.   **54**

I. Konkursausfallgeld

55 Das Kaug ist innerhalb einer Ausschlußfrist von 2 Monaten nach Eröffnung des Konkursverfahrens zu beantragen (§ 141e Abs. 1 Satz 2 AFG/ § 324 Abs. 3 SGB III). Da es sich um eine Ausschlußfrist handelt, ist eine Wiedereinsetzung in den vorigen Stand ausgeschlossen.

> BSG, Urt. v. 26. 8. 1983 - 10 RAr 1/82,
> BSGE 55, 284 = ZIP 1983, 1353, 1355;
> BSG, Urt. v. 30. 4. 1996 - 10 RAr 8/94,
> ZIP 1996, 1623;
> dazu EWiR 1996, 961 (Peters-Lange).

56 Da § 141e Abs. 1 Satz 3 AFG (§ 324 Abs. 3 Satz 2 SGB III) eine spezialgesetzliche Regelung des Rechtsinstituts der Wiedereinsetzung in den vorigen Stand darstellt, ist das Verschulden eines Vertreters dem Arbeitnehmer zu zurechnen.

> BSG, Urt. v. 29. 10. 1992 - 10 RAr 14/91,
> BSGE 71, 213 = ZIP 1993, 372
> = KTS 1993, 307;
> dazu EWiR 1993, 209 (Grunsky).

57 Auch im Falle der Ablehnung der Eröffnung des Konkursverfahrens mangels Masse wird - ohne Rücksicht auf eine Kenntnis des Arbeitnehmers - zunächst die Ausschlußfrist des § 141e Abs. 1 Satz 2 AFG (§ 324 Abs. 3 Satz 1 SGB III) in Gang gesetzt. Ein Berufen der Bundesanstalt für Arbeit auf die Ausschlußfrist verstößt nur dann gegen Treu und Glauben, wenn die verspätete Antragstellung durch ein Verhalten der Bundesanstalt für Arbeit mindestens mitverursacht wurde.

> BSG, Urt. v. 26. 8. 1983 - 10 RAr 1/82,
> BSGE 55, 284 = ZIP 1983, 1353, 1356
> sowie
> BSG, Urt. v. 23. 10. 1984 - 10 RAr 6/83,
> ZIP 1985, 173, 175;
> dazu EWiR 1985, 7 (H. Hess).

58 Sofern ein vollmachtloser Vertreter den Kaug-Antrag stellt, ist es erforderlich, daß durch den Berechtigten die Genehmigung noch innerhalb der Antragsfrist des § 141e Abs. 1 Satz 2 AFG (§ 324 Abs. 3 Satz 1 SGB III) vorgenommen wird. Eine nach Fristablauf erteilte Genehmigung wirkt nicht auf den Zeitpunkt der vollmachtlosen Antragstellung zurück und ist deshalb unwirksam.

> BSG, Urt. v. 23. 10. 1984 - 10 RAr 6/83,
> ZIP 1985, 173, 174.

Durch das 5. AFG-Änderungsgesetz ist nunmehr die strikte Ausschluß- 59
frist des § 141e Abs. 1 Satz 2 AFG durchbrochen worden. Für den Fall,
daß die Ausschlußfrist durch den Arbeitnehmer aus von ihm nicht zu
vertretenden Gründen versäumt wurde, ist Kaug dann zu gewähren, wenn
der Antrag innerhalb von 2 Monaten nach Wegfall des Hindernisses gestellt wird (§ 141e Abs. 1 Satz 3 AFG (§ 324 Abs. 3 Satz 2 SGB III). Die
Antragsfrist des § 141e Abs. 1 Satz 2 AFG (§ 324 Abs. 3 Satz 1 SGB III)
ist dann i. S. d. § 141e Abs. 1 Satz 3 AFG (§ 324 Abs. 3 Satz 2 SGB III)
nicht unvertretbar versäumt, wenn das Hindernis während des Laufes der
ersten Frist in Wegfall gerät.

> BSG, Urt. v. 26. 8. 1983 - 10 RAr 1/82,
> BSGE 55, 284 = ZIP 1983, 1353
> sowie
> BSG, Urt. v. 16. 11. 1984 - 10 RAr 17/83,
> ZIP 1985, 364;
> dazu EWiR 1985, 5 (H. Hess).

Auch hier behält § 324 Abs. 3 Satz 2 SGB III die Durchbrechung der 60
Ausschlußfrist (§ 141e Abs. 1 Satz 2 AFG) bei.

Unvertretbar, d. h. unverschuldet, ist das Versäumen der Antragsfrist 61
dann nicht, wenn dem Arbeitnehmer wohl die Tatsache der Ablehnung
der Eröffnung des Konkursverfahrens mangels Masse bekannt wurde und
er sich nicht bemühte, den Zeitpunkt des Ablehnungsbeschlusses zu erfahren.

> BSG, Urt. v. 10. 4. 1985 - 10 RAr 11/84,
> ZIP 1985, 753, 754;
> dazu EWiR 1985, 425 (Gagel).

Andererseits ist der Arbeitnehmer, wie die nachträglich eingeführte Re- 62
gelung des § 141b Abs. 5 AFG (§ 183 Abs. 4 SGB III) zeigt, nicht verpflichtet, von sich aus den Grund der konkursgerichtlichen Entscheidung
und/oder den Abweisungsgrund zu ermitteln.

> BSG, Urt. v. 22. 9. 1993 - 10 RAr 11/91,
> ZIP 1993, 1719;
> dazu EWiR 1994, 3 (Plagemann).

Nach § 141b Abs. 4 AFG besitzt der Arbeitnehmer im Falle der Abwei- 63
sung des Antrags auf Eröffnung des Konkursverfahrens mangels Masse
einen Kaug-Anspruch für die 3 Monate des Arbeitsverhältnisses, welche
dem Tag der Kenntnisnahme des Abweisungsbeschlusses vorausgehen,

I. Konkursausfallgeld

wenn er in Unkenntnis des Abweisungsbeschlusses weitergearbeitet hat. In dieser Regelung des § 141b Abs. 4 AFG hat das Bundessozialgericht eine planwidrige Gesetzeslücke gesehen und den Grundgedanken dieser gesetzlichen Regelung auf weitere Sachverhalte ausgedehnt. Danach wird für Arbeitnehmer, welche unverschuldet von der Konkurseröffnung keine Kenntnis besitzen - z. B. durch Urlaubsabwesenheit - der Kaug-Zeitraum analog § 141e Abs. 4 AFG erweitert. Auch in diesen Fällen ist der Zeitpunkt der Kenntnisnahme von der Eröffnung des Konkursverfahrens für die Bestimmung des Kaug-Zeitraumes maßgebend. Danach wird in Fällen der unverschuldeten Unkenntnis von der Konkurseröffnung der Kaug-Zeitraum entsprechend des § 141e Abs. 4 AFG berechnet.

> BSG, Urt. v. 16. 11. 1984 - 10 RAr 17/83,
> ZIP 1985, 364, 365;
> dazu EWiR 1985, 5 (H. Hess).

64 Die Neuregelung des § 183 Abs. 2 SGB III beschränkt den Anspruch auf Kaug im Falle Weiterarbeit in Unkenntnis eines Insolvenzereignisses nicht mehr auf den Tatbestand der Unkenntnis eines Abweisungsbeschlusses nach § 141b Abs. 3 Nr. 1 AFG, sondern nach der gesetzlichen Neuregelung wird jeder Arbeitnehmer, der in Unkenntnis eines Insolvenzereignisses, also auch Unkenntnis der Eröffnung des Insolvenzverfahrens, weiterarbeitet, Kaug erhalten. Dies bedeutet eine wesentliche Verbesserung der Rechtsstellung der Arbeitnehmer, wenn an Fälle, wie z. B. Urlaub, Krankheit, Kur etc. gedacht wird, da hier auch die Rechtsprechung des Bundessozialgericht zu § 141b Abs. 4 AFG - planwidrige Gesetzeslücke - Anwendung finden wird.

65 Auch ein Arbeitnehmer, welcher von der Arbeitsleistung freigestellt ist, hat Anspruch auf Kaug zumindest bis zur endgültigen Betriebseinstellung, wenn er von der Abweisung mangels Masse erst später erfährt.

> BSG, Urt. v. 3. 10. 1989 - 10 RAr 7/89,
> ZIP 1990, 63;
> dazu EWiR 1990, 835 (Gagel).

66 Das Bundessozialgericht stellt nochmals klar, daß der Kaug-Anspruch keine Entschädigung für die Zeit, in welcher der Arbeitnehmer nicht arbeitet, sondern eine Ersatzleistung für die Zeit, für die der Arbeitsentgeltanspruch zu erfüllen war, darstellt.

67 Auch in diesen Fällen hat der Arbeitnehmer weitergearbeitet i. S. v. § 141b Abs. 4 AFG (§ 183 Abs. 2 SGB III) und hat Anspruch auf Kaug.

1. Grundvoraussetzungen für den Anspruch

BSG, Urt. v. 30. 10. 1980 - 8b/12 RAr 7/79,
BSGE 50, 269, 270 = ZIP 1981, 37.

Gleichfalls unerheblich für den Anspruch auf Kaug ist, ob ein Dritter für **68** den Arbeitsentgeltanspruch haftet. Dem Arbeitnehmer wird nicht aufgezwungen, daß er sich bei einem anderen als seinem Arbeitgeber um die Realisierung seiner Ansprüche bemühen muß. Dies ist Aufgabe der Bundesanstalt für Arbeit (§ 141m AFG).

BSG, Urt. v. 30. 4. 1981 - 10/8b/12 RAr 11/79,
BSGE 51, 296 = ZIP 1981, 748, 749.

In den Kaug-Fällen des § 141b Abs. 3 Nr. 2 AFG (§ 183 Abs. 1 Nr. 3 **69** SGB III) wird neben einer offensichtlichen Masseunzulänglichkeit die Beendigung der betrieblichen Tätigkeit des Arbeitgebers verlangt. Hieraus kann nicht gefolgert werden, daß Tatbestandsvoraussetzung die Beendigung der Betriebstätigkeit, also Einstellung der Funktion des Betriebes, ist. Entgegen des Sprachgebrauches in § 111 Nr. 1 BetrVG ist ausreichend, daß die betriebsleitende Tätigkeit des insolventen Arbeitgebers beendet wird. Hieraus folgt das Bundessozialgericht, daß im Falle eines Pächterwechsels - ohne Betriebseinstellung - dann an die Arbeitnehmer Kaug zu zahlen ist, wenn in der Person des ausscheidenden Pächters das Tatbestandsmerkmal der offensichtlichen Masseunzulänglichkeit vorliegt.

BSG, Urt. v. 30. 4. 1981 - 10/8b/12 RAr 11/79,
BSGE 51, 296 = ZIP 1981, 748, 749.

Wenn ein Arbeitgeber mehrere Betriebe führt, können die Tatbestands- **70** voraussetzungen des § 141b Abs. 3 Nr. 2 AFG (§ 183 Abs. 1 Nr. 3 SGB III) erst dann erfüllt sein, wenn dieser Arbeitgeber seine gesamte betriebliche Betätigung vollständig beendet hat.

BSG, Urt. v. 29. 2. 1984 - 10 RAr 14/82,
ZIP 1984, 1123, 1125.

Sofern z. B. im Wege der übertragenden Sanierung eine Gesellschaft **71** einen Betrieb eines insolventen Unternehmers übernimmt, werden grundsätzlich erneute Ansprüche der Arbeitnehmer auf Kaug im Falle der Insolvenz des Betriebsübernehmers nicht ausgeschlossen. Dies gilt auch dann, wenn Teilidentität der Gesellschafter des Betriebsübernehmers mit Gesellschaftern des Altunternehmens vorliegt. Ausschlaggebend ist allein, daß ein neuer Arbeitgeber im allgemeinen Rechtssinne insolvent wurde.

I. Konkursausfallgeld

BSG, Urt. v. 28. 6. 1983 - 10 RAr 26/81,
BSGE 55, 195 = ZIP 1983, 1224, 1225.

72 Soweit mehrere Kaug-Ereignisse vorliegen, ist maßgebend dasjenige Ereignis, durch welches erstmalig die Zahlungsunfähigkeit des Arbeitgebers zu Tage getreten ist, da die in § 141b AFG (§ 183 Abs. 1 SGB III) genannten Insolvenztatbestände nicht in einem Rangverhältnis zueinander stehen. Nur in Extremfällen, in denen sich nach dem ersten Insolvenzereignis die Vermögenslage des Arbeitgebers soweit gebessert hat, daß der Konkursgrund eindeutig in Wegfall geraten ist, kann ein späteres Insolvenzereignis neuerlich Kaug-Ansprüche für die Arbeitnehmer auslösen.

BSG, Urt. v. 29. 2. 1984 - 10 RAr 14/82,
ZIP 1984, 1123, 1124.

2. Umfang des Anspruchs auf Konkursausfallgeld

73 Seit dem 5. AFG-Änderungsgesetz ist klargestellt, daß durch das Kaug die Ansprüche der letzten 3 Monate des Arbeitsverhältnisses gesichert werden. Hierdurch spielt der Zeitfaktor keine Rolle mehr und es können somit auch Entgeltansprüche außerhalb der Zeitgrenzen des § 59 Abs. 1 Nr. 3 KO über Kaug abgesichert sein. Andererseits sind im Rahmen der konkursmäßigen Befriedigung der nach § 141m AFG (§ 187 SGB III) auf die Bundesanstalt für Arbeit übergegangenen Ansprüche die Zeitschranken der §§ 61 Abs. 1 Nr. 1a, 61 Abs. 1 Nr. 6 KO zu berücksichtigen.

74 Arbeitsentgelt i. S. d. § 141a AFG (§ 183 Abs. 1 SGB III) ist nicht identisch mit dem Begriff "Bezüge aus dem Arbeitsverhältnis" i. S. d. § 59 Abs. 1 Nr. 3 KO. Begriffsnotwendig ist, daß der Anspruch nicht nur aus dem Arbeitsverhältnis resultiert, sondern durch den Arbeitnehmer erarbeitet wurde.

75 Aus dem gleichen Grunde fallen auch Nebenforderungen aus dem Arbeitsverhältnis, wie z. B. Verzugszinsen, Finanzierungskosten, Kosten der Rechtsverfolgung und Vollstreckungskosten nicht unter dem Entgeltbegriff des § 141b Abs. 2 AFG (§ 183 Abs. 1 SGB III), so daß solche Ansprüche über das Kaug nicht abgedeckt werden.

BSG, Urt. v. 28. 2. 1985 - 10 RAr 19/83,
ZIP 1985, 626;
dazu EWiR 1985, 423 (H. Hess).

2. Umfang des Anspruchs auf Konkursausfallgeld

Auch die Kosten für ein Konkursantragsverfahren sind dem Arbeitnehmer nicht über Kaug zu erstatten, obgleich eine Erstattung bei den Einzugsstellen nach den Durchführungsanweisungen zu den §§ 141a - 141n AFG vom 11. Oktober 1989 erfolgt.

76

> BSG, Urt. v. 15. 12. 1992 - 10 RAr 2/92,
> ZIP 1993, 689;
> dazu EWiR 1993, 417 (Onusseit).

Durch das Versagen der Kostenerstattung über Kaug wird das im Hinblick auf § 59 Abs. 1 Nr. 3a KO eingeführte, erweiterte, Antragsrecht für die Arbeitnehmer (§ 103 Abs. 2 KO) in sein Gegenteil verkehrt und diese wegen des bestehenden Kostenrisikos von der Antragstellung abgehalten.

77

> Uhlenbruck, DB 1986, 645, 646.

Da die Kaug-rechtliche Sicherung auf die Bezüge beschränkt ist, welche den Gegenwert für die Arbeitsleistung darstellen, soll ein Wertungswiderspruch zur Entscheidung des Bundessozialgerichts, wonach die Bundesanstalt für Arbeit für Beitragsrückstände zur Sozialversicherung Verzugszinsen zu zahlen hat, nicht gegeben sein.

78

> BSG, Urt. v. 2. 2. 1984 - 10 RAr 8/83,
> ZIP 1984, 1366.

Das Bundessozialgericht zweifelt neuerdings selbst, ob die Subsumtion der Säumniszuschläge unter die in § 141n AFG (§ 208 SGB III) geregelten Ansprüche gerechtfertigt ist.

79

> BSG, Urt. v. 15. 12. 1992 - 10 RAr 2/92,
> ZIP 1993, 689, 691.

Dagegen gehören zum Arbeitsentgelt im Sinne dieser Norm die Ansprüche des Arbeitnehmers auf Ersatz der aus Anlaß der Erbringung der Arbeitsleistung entstandenen Auslagen, so z. B. Reisespesen und zwar auch dann, wenn diese Aufwendungen mit einer Firmenkreditkarte beglichen und der Arbeitnehmer als Mithaftender vom Kreditkartenunternehmen in Anspruch genommen wird.

80

> BSG, Urt. v. 18. 9. 1991 - 10 RAr 12/90,
> BSGE 69, 228 = ZIP 1992, 347
> = NZA 1992, 329;
> dazu EWiR 1992, 105 (Voelzke).

I. Konkursausfallgeld

81 Schadenersatzansprüche der Arbeitnehmer gemäß § 628 Abs. 2 BGB begründen keinen Anspruch auf Kaug, da diese Ansprüche auf Zeiten nach Beendigung des Arbeitsverhältnisses entfallen. Soweit der Arbeitgeber vertragswidrig den Arbeitnehmer zur Kündigung seines Arbeitsverhältnisses veranlaßt, treten die Schadenersatzansprüche an die Stelle der entgangenen Arbeitsvergütung und könnten somit "Bezüge aus dem Arbeitsverhältnis" i. S. d. § 59 Abs. 1 Nr. 3a KO darstellen.

a. A. BAG, Urt. v. 13. 8. 1980 - 5 AZR 588/78,
BAGE 34, 101 = ZIP 1980, 1067
= AP Nr. 11 zu § 59 KO.

82 Nach Auffassung des Bundesarbeitsgericht (aaO) handelt es sich jedoch bei den Schadenersatzansprüchen nach § 628 Abs. 2 BGB nur um einfache Konkursforderungen nach § 61 Abs. 1 Nr. 6 KO. Diese Wertung soll dem Maßregelungsverbot des § 612a BGB widersprechen.

ArbG Herne, Urt. v. 28. 7. 1993
- 4 Ca 3498/92, ZIP 1993, 1487
(nicht rechtskräftig).

83 Andererseits scheidet eine Erstattung über Kaug jedoch aus - gleichgültig ob ein Masseschuldanspruch gemäß § 59 Abs. 1 Nr. 3a KO gegeben ist oder nicht -, da die Ansprüche gerade nicht in die letzten 3 Monate des Arbeitsverhältnisses, sondern in den Zeitraum nach Beendigung des Arbeitsverhältnisses fallen.

BSG, Urt. v. 29. 2. 1984 - 10 RAr 20/82,
ZIP 1984, 1249, 1251;
dazu EWiR 1994, 171 (Griebeling).

84 Die Zuordnung von Ansprüchen auf Weihnachtsgratifikationen, Urlaubsentgelt, Urlaubsabgeltung und Gewinnbeteiligung macht in der Praxis immer wieder Schwierigkeiten.

85 Grundsätzlich gilt zunächst, daß diese Leistungen demjenigen Zeitraum zuzuordnen sind, in welchem sie erarbeitet wurden.

Im einzelnen:

(1) Jahressondervergütung

86 Die Jahressondervergütung (**Weihnachtsgratifikation**) stellt in der Regel eine Vergütung für geleistete Arbeit und eine Belohnung der Betriebstreue dar. Insbesondere dann, wenn nach dem Arbeits- oder Tarifvertrag für

2. Umfang des Anspruchs auf Konkursausfallgeld

das Jahr des Eintritts oder des Ausscheidens eine Zwölftelung der Jahressondervergütung vorgesehen ist, sind 3/12 der Jahressondervergütung über Kaug abgedeckt.

> BSG, Urt. v. 12. 8. 1987 - 10 RAr 9/86,
> NZA 1988, 179.

Da sich das Kaug-Recht, soweit es um Ansprüche aus dem Arbeitsverhältnis geht, nach dem Arbeitsrecht richtet, kann in Tarifverträgen wirksam die Zuordnung der Jahressonderzahlung zu einzelnen Monaten ausgeschlossen werden. **87**

> BSG, Urt. v. 7. 9. 1988 - 10 RAr 13/87,
> ZIP 1988, 1585.

In diesen Fällen erfolgt keine Zwölftelung und damit auch keine Zuordnung zu den einzelnen Monaten, so daß es für die Frage, ob Kaug zu gewähren ist, allein auf die Frage der Fälligkeit der Jahressonderzahlung ankommt. **88**

> BSG, Urt. v. 18. 1. 1990 - 10 RAr 10/89,
> ZIP 1990, 524.

Damit gab das Bundessozialgericht ausdrücklich seine bisherige Rechtsprechung auf. **89**

> BSG, Urt. v. 10. 9. 1987 - 10 RAr 13/86,
> BSGE 62, 131 = ZIP 1987, 1264.

Ist ein Fixtermin mit der Maßgabe geregelt, daß diejenigen Arbeitnehmer, deren Arbeitsverhältnis am 1. Dezember eines Jahres noch besteht, die Jahressonderzahlung erhalten, handelt es sich um einen sogenannten Einmalbezug. Sofern der 1. Dezember des Jahres im Dreimonatszeitraum liegt, für welchen Kaug zu bezahlen ist, wird die Jahressonderzahlung deshalb in voller Höhe als Kaug fällig. Fällt also der Fixtermin in die der Konkurseröffnung vorausgehenden 3 Monate des Arbeitsverhältnisses, ist die Jahressonderzahlung in voller Höhe als Kaug zu gewähren. Liegt andererseits dieser Fixtermin nach Konkurseröffnung und besteht das Arbeitsverhältnis noch, stellt die Jahressonderzahlung einen Masseschuldanspruch nach § 59 Abs. 1 Nr. 2 KO dar. Analog wäre bei einem Auszahlungstermin vor Konkurseröffnung und außerhalb des Dreimonatszeitraums die konkursmäßige Zuordnung als Masseschuldanspruch nach § 59 Abs. 1 Nr. 3a KO oder als bevorrechtigte Konkursforderung nach § 61 Abs. 1 Nr. 1a KO vorzunehmen. **90**

I. Konkursausfallgeld

91 Enthält der Tarifvertrag oder der Individualarbeitsvertrag eine Regelung, nach der eine Zuordnung der Sonderzahlung zu einzelnen Monaten erfolgt - aufgestautes Arbeitsentgelt -, ist Kaug nur anteilig mit 1/12 pro Monat zu gewähren.

92 In allen anderen Fällen erfolgt keine Zwölftelung und damit auch keine Zuordnung zu den einzelnen Monaten, so daß es für die Frage, ob Kaug zu gewähren ist, allein auf die Fälligkeit der Jahressonderzahlung ankommt.

>   **a. A. noch**
>   BSG, Urt. v. 10. 9. 1987 - 10 RAr 13/86,
>   BSGE 62, 131, 135 = ZIP 1987, 1264
>   = BB 1988, 276;
>
>   **nun:**
>   BSG, Urt. v. 18. 1. 1990 - 10 RAr 10/89,
>   ZIP 1990, 524;
>   dazu EWiR 1990, 419 (Grub).

93 Die Arbeitsverwaltung hat bislang die Konsequenz aus der geänderten Rechtsprechung des Bundessozialgerichts nicht gezogen und nimmt grundsätzlich eine Zwölftelung der Jahressonderzahlung vor.

(2) Gewinnbeteiligung

94 Bei der **Gewinnbeteiligung** wird einhellig vertreten, daß es sich auch insoweit um sogenanntes aufgestautes Arbeitsentgelt handelt, so daß aus der rückständigen Gewinnbeteiligung 3/12 in den Kaug-Zeitraum entfallen. Wesentlich ist, daß es nicht darauf ankommt, zu welchem Termin die Gewinnbeteiligung fällig wurde, sondern abzuheben ist auf den Zeitraum, für welchen die Gewinnbeteiligung geschuldet wird.

>   BAG, Urt. v. 21. 5. 1980 - 5 AZR 337/78,
>   BAGE 33, 113 = ZIP 1980, 666
>   = AP Nr. 9 zu § 59 KO (Anm. Uhlenbruck).

(3) Tantieme

95 Auch bei der erfolgsabhängigen Tantieme kommt es wie bei der Gewinnbeteiligung und den Bauleiterprämien auf den abzugeltenden Zeitraum und nicht auf die Fälligkeit an.

>   BAG, Urt. v. 21. 5. 1980 - 5 AZR 441/78,
>   ZIP 1980, 784
>   = AP Nr. 10 zu § 59 KO (Anm. Uhlenbruck).

2. Umfang des Anspruchs auf Konkursausfallgeld

(4) Bauleiterprämien

Bei den **Bauleiterprämien**, welche üblicherweise für eine mehrjährige Tätigkeit gewährt werden und meist erst nach Schlußzahlung durch den Bauherren entstehen oder fällig werden, kommt es auch ausschließlich auf den Zeitraum der zu entlohnenden Dienste an. Hiernach richtet sich das konkursrechtliche Schicksal dieser Ansprüche. Soweit die Bauleiterprämie für Arbeiten, die länger als ein Jahr vor Konkurseröffnung entrichtet wurden, geschuldet wird, besteht kein Vorrecht. Soweit anteilig Bauleiterprämie für das letzte Jahr vor Konkurseröffnung geschuldet ist, entfallen 3/12 in den Kaug-Zeitraum und sind als Arbeitsentgelt i. S. d. § 141a AFG (§ 183 Abs. 1 SGB III) und somit über Kaug zu erstatten.

96

> BAG, Urt. v. 4. 6. 1985 - 3 AZR 355/83,
> ZIP 1986, 657 = AP Nr. 19 zu § 61 KO;
> dazu EWiR 1986, 393 (Grunsky).

(5) Provision

Bei den **Provisionsansprüchen** kommt es für die Frage, ob und in welchem Umfang diese auf den Kaug-Zeitraum entfallen, nicht darauf an, wann die Provisonsansprüche fällig werden, sondern darauf, ob der Provisionsanspruch im Kaug-Zeitraum entstanden ist.

97

Soweit keine besonderen Abreden zwischen Arbeitnehmer und Arbeitgeber bestehen, hat der Arbeitnehmer die ihm obliegende arbeitsvertragliche Pflicht zu dem Zeitpunkt erfüllt, zu dem das Geschäft abgeschlossen wurde. Wenn wegen des Konkurses die Ausführung des Geschäftes unterbleibt, z. B. weil der Konkursverwalter gemäß § 17 KO die Erfüllung ablehnt, bleibt die im Kaug-Zeitraum durch Abschluß des Geschäftes entstandene Anwartschaft auf die Provision Kaug-fähig.

98

> BSG, Urt. v. 24. 3. 1983 - 10 RAr 15/81,
> BSGE 55, 62 = ZIP 1983, 965.

Durch diese Entscheidung wurde ausdrücklich die frühere Auffassung aufgegeben, daß die Nichtausführung des Geschäftes nach Konkurseröffnung einen Anspruch auf Kaug ausschließe.

99

> BSG, Urt. v. 18. 12. 1980 - 8b RAr 5/80,
> BSGE 51, 105 = ZIP 1981, 637.

Wählt andererseits der Konkursverwalter die Vertragserfüllung gemäß § 17 KO, hat der Provisionsvertreter keinen Masseschuldanspruch nach

100

I. Konkursausfallgeld

§ 59 Abs. 1 Nr. 2 KO, da der Provisionsanspruch bereits mit dem Vertragsabschluß zwischen dem Dritten und dem insolventen Unternehmen aufschiebend bedingt entstanden war (vgl. § 87 Abs. 1 - 3 HGB). Der Bestand des Provisionsanspruchs wird durch die Konkurseröffnung nicht berührt (vgl. § 87a Abs. 3 HGB). Die aufschiebende Bedingung für den Provisionsanspruch tritt nach § 87a Abs. 1 Satz 1 HGB dann ein, wenn der Unternehmer das Geschäft ausführt.

BGH, Urt. v. 21. 12. 1989 - IX ZR 66/89,
ZIP 1990, 318, 319;
dazu EWiR 1990, 393 (Marotzke).

101 Schwierigkeiten in der Praxis bereitet bei den Provisionsansprüchen die Provisionsvereinbarung dann, wenn Minderungen des Provisionsanspruches durch Zahlungsausfälle oder Zahlungskürzungen des Kunden zu Minderungen des Provisionsanspruchs führen. In diesen Fällen besitzt wohl der Provisionsvertreter dem Grunde nach einen Kaug-Anspruch dann, wenn der Abschluß des Geschäftes im Kaug-Zeitraum erfolgte. Er ist nur in der Praxis infolge der Konkurseröffnung oder besonderes in den Fällen der Ablehnung des Konkursantrages mangels Masse aus tatsächlichen Gründen, da ihm die notwendigen Unterlagen und Informationen nicht mehr zugänglich sind, nicht in der Lage, die endgültige Höhe seines Provisionsanspruches und damit seinen Kaug-Anspruch zu beziffern.

(6) Urlaubsabgeltungsansprüche

102 Das Bundessozialgericht hatte ursprünglich entschieden, daß der Anspruch auf Urlaubsabgeltung regelmäßig für die letzten der Urlaubsdauer entsprechenden Tage des Arbeitsverhältnisses besteht und deshalb Kaug-Ansprüche gegeben sind, wenn durch Rückrechnung ab der rechtlichen Beendigung des Arbeitsverhältnisses abzugeltende Urlaubstage den dem Insolvenzereignis vorausgehenden 3 Monaten des Arbeitsverhältnisses zuzuordnen sind.

BSG, Urt. v. 30. 11. 1977 - 12 RAr 99/76,
BSGE 45, 191;
BSG, Urt. v. 20. 3. 1984 - 8 RK 4/83,
BSGE 56, 208.

103 Für die Zeit der Geltung des AFKG, welches zum 31. Dezember 1985 außer Kraft getreten ist, vertrat das Bundessozialgericht die Auffassung, daß sich der Urlaubsabgeltungszeitraum versicherungsrechtlich an das im arbeitsrechtlichen Sinne beendete Arbeitsverhältnis angeschlossen habe

2. Umfang des Anspruchs auf Konkursausfallgeld

und deshalb keine Bezüge aus dem Arbeitsverhältnis vorliegen. Aus diesem Grunde wurden Kaug-Ansprüche auch dann verneint, wenn das Arbeitsverhältnis vor dem Insolvenzereignis endete.

>BSG, Urt. v. 20. 5. 1987 - 10 RAr 11/86,
>NZA 1987, 718, 719.

Diese Unsicherheit der Rechtslage beseitigt nun das Bundessozialgericht mit einer Entscheidung vom 20. Juli 1988 und führt wörtlich aus: **104**

> "Aus einer für Zwecke des Versicherungsschutzes und der Beitragsberechnung vorgenommenen Fiktion der Ausdehnung des Beschäftigungsverhältnisses kann keine Änderung der arbeitsrechtlichen und konkursrechtlichen Bestimmungen geschlossen werden. Hierzu hätte es einer klarstellenden Bestimmung und eines erkennbaren, solche Ausdehnung erfordernden, Zwecks bedurft."

>BSG, Urt. v. 20. 7. 1988 - 12 RK 1/88,
>BSGE 64, 6 = ZIP 1988, 1475, 1478;
>dazu EWiR 1988, 1147 (Irschlinger).

Damit ist im Rahmen des Kaug klargestellt, daß es bei der seit 30. November 1977 durch das Bundessozialgericht geschaffenen Rechtslage verbleibt, **105**

>BSG, Urt. v. 30. 11. 1977 - 12 RAr 99/76,
>BSGE 45, 191 = AP Nr. 3 zu § 141b AFG,

und der Anspruch auf Urlaubsabgeltung im Konkurs den der abzugeltenden Urlaubsdauer entsprechenden letzten Tagen vor der **rechtlichen Beendigung des Arbeitsverhältnisses** zugeordnet wird.

>BAG, Urt. v. 21. 5. 1980 - 5 AZR 441/78,
>ZIP 1980, 784
>= AP Nr. 10 zu § 59 KO (Anm. Uhlenbruck);
>BSG, Urt. v. 27.09.1994 - 10 RAr 6/93,
>ZIP 1994, 1873;
>dazu EWiR 1995, 3 (Gagel);
>BSG, Urt. v. 27. 9. 1994 - 10 RAr 7/93,
>ZIP 1994, 1875;
>dazu EWiR 1995, 5 (Irschlinger);
>BSG, Urt. v. 27. 9. 1994 -10 RAr 5/92,
>ZIP 1994, 1968;
>dazu EWiR 1995, 1 (H. Hess).

I. Konkursausfallgeld

106 Die Bundesanstalt für Arbeit hat aus den drei Urteilen vom 27. September 1994 die Konsequenz gezogen und die Durchführungsbestimmungen zur Gewährung von Kaug entsprechend geändert (IIIa5 -7141b.4 - A -).

107 Der 8. Senat des Bundesarbeitsgerichts vertritt arbeitsrechtlich eine andere Auffassung und bekräftigt, daß der Urlaubsabgeltungsanspruch als Surrogat des Urlaubsanspruchs mit Beendigung des Arbeitsverhältnisses entsteht.

BAG, Urt. v. 15. 5. 1987 - 8 AZR 506/85,
ZIP 1987, 1266
= AP Nr. 35 zu § 7 BUrlG - Abgeltung (Anm. Uhlenbruck)
= BB 1987, 1954 = NZA 1988, 58.

108 In der oben angeführten Entscheidung lehnt der 8. Senat des Bundesarbeitsgerichts die Auffassung des 5. Senats des Bundesarbeitsgerichts in der Entscheidung vom 21. Mai 1980 ausdrücklich ab. Arbeitsrechtlich ist die Entscheidung vom 21. Mai 1980 in der Tat nicht zutreffend.

109 Eine Urlaubsabgeltung im Rahmen des Kaug (§ 141b AFG) setzt aber wie eine sonstige Urlaubsabgeltung voraus, daß der Urlaub wegen Beendigung des Arbeitsverhältnisses ganz oder teilweise nicht genommen werden konnte. Erst mit Beendigung des Arbeitsverhältnisses entsteht somit der Abgeltungsanspruch.

BAG, Urt. v. 28. 6. 1984 - 6 AZR 521/81,
BAGE 46, 224
= AP Nr. 18 zu § 7 BUrlG - Abgeltung (Anm. Kraft)
= BB 1984, 2133 = NZA 1985, 156.

110 Auch für den Fall, daß ein Arbeitsverhältnis wegen Mutterschutzes erst nach Eintritt des Insolvenzereignisses beendet wird und Urlaub abzugelten ist, besteht Anspruch auf Kaug nur für diejenigen Urlaubstage, welche in den Kaug-Zeitraum fallen.

BSG, Urt. v. 3. 12. 1996 - 10 RAr 7/95,
ZIP 1997, 1040 ff;
dazu EWiR 1997, 625 (Voelzke).

111 Da die Urlaubsabgeltung eine Gegenleistung für die Arbeitsleistung darstellt, ist der Urlaubsabgeltungsanspruch grundsätzlich Kaug-fähig.

BSG, Urt. v. 14. 3. 1989 - 10 RAr 6/87,
ZIP 1989, 1415, 1416.

2. Umfang des Anspruchs auf Konkursausfallgeld

Unter der Voraussetzung, daß der Urlaubsanspruch in natura während des bestehenden Arbeitsverhältnisses hätte gewährt werden können und deshalb mit der Beendigung des Arbeitsverhältnisses Urlaub abzugelten ist, entsteht der Urlaubsabgeltungsanspruch arbeitsrechtlich mit der Beendigung des Arbeitsverhältnisses. 112

In der Praxis ist festzustellen, daß die Arbeitnehmer von Mitarbeitern der Bundesanstalt für Arbeit noch vor Entscheidung über den Konkursantrag zur fristlosen Kündigung ihrer Arbeitsverhältnisse mit dem Hinweis verleitet werden, daß in diesem Falle die Urlaubsabgeltungsansprüche über Kaug ausbezahlt würden. Auch wenn arbeitsrechtlich negiert wird, daß die Urlaubsabgeltung als Surrogat des Urlaubsanspruchs die Möglichkeit der Urlaubsgewährung durch den Arbeitgeber voraussetzt, ist der Urlaubsabgeltunganspruch nicht Kaug-fähig, da es sich um kein Arbeitsentgelt, sondern um Schadensersatzansprüche nach § 626 BGB handelt. 113

Im Rahmen der Bescheinigung zur Höhe des Kaug (§ 141h Abs. 1 AFG/ § 314 Abs. 1 SGB III) ist zuberücksichtigen, daß der Urlaubsabgeltungsanspruch nach dem Bundesurlaubsgesetz der gleichen Befristung wie der Urlaubsanspruch als solcher unterliegt. 114

BAG, Urt. v. 19. 1. 1993 - 9 AZR 8/92,
NZA 1993, 798.

Demgemäß sind verfallene Urlaubsabgeltungsansprüche zur Meidung der Haftung des Konkursverwalters nach § 145 AFG (§ 321 Nr. 1 SGB III) nicht zu bescheinigen. Gleiches gilt aber auch für die Bescheinigung der oben dargestellten Schadensersatzansprüche, auch wenn die Bundesanstalt für Arbeit bei Bescheinigung eine Kaug-Zahlung vornehmen würde. Hier macht sich der bescheinigende Konkursverwalter schadenersatzpflichtig nach § 82 KO. 115

Sofern die Voraussetzungen von § 613a BGB vorliegen, fehlt es an der Beendigung eines Arbeitsverhältnisses, so daß Urlaubsabgeltungsansprüche nicht gegeben sind. Mangels Arbeitsentgeltforderung, welche Masseschuld i. S. d. § 59 Abs. 1 Nr. 3 KO darstellt (§ 141b Abs. 2 AFG/§ 183 Abs. 1 SGB III), findet ein Übergang gemäß § 141m AFG (§ 187 SGB III) auf die Bundesanstalt für Arbeit nicht statt. 116

BSG, Urt. v. 14. 3. 1989 - 10 RAr 6/87,
ZIP 1989, 1415, 1417.

I. Konkursausfallgeld

117 Der Betriebsübernehmer besitzt jedoch gegen den bisherigen Betriebsinhaber oder beim Erwerb aus der Konkursmasse gegen diese Ausgleichsansprüche für die vor Betriebsübergang entstandenen Urlaubsansprüche nach § 426 BGB.

> BGH, Urt. v. 4. 7. 1985 - IX ZR 172/84,
> ZIP 1985, 1156 = BB 1985, 1818
> = NJW 1985, 2643;
> dazu EWiR 1985, 859 (Schwerdtner).

(7) Zusätzliches Urlaubsgeld

118 Das **zusätzliche Urlaubsgeld** ist grundsätzlich wie Urlaubsentgelt zu behandeln.

> BAG, Urt. v. 4. 6. 1977 - 5 AZR 663/75,
> BAGE 29, 211 = AP Nr. 4 zu § 59 KO (Anm. Zeuner)
> = BB 1977, 1351 = NJW 1978, 182.

119 Dies hat zur Folge, daß für diejenigen Urlaubstage, welche abzugelten sind, auch das zusätzliche Urlaubsgeld über Kaug zu bezahlen ist. Für den Fall, daß im Kaug-Zeitraum Urlaub genommen und das zusätzliche Urlaubsgeld nicht ausbezahlt wurde, ist auch dieses über Kaug abzugelten, sofern die Urlaubstage in den Kaug-Zeitraum fielen.

120 Eine Ausnahme gilt dann, wenn nach einem Tarifvertrag oder einem Einzelvertrag der Arbeitnehmer zu einem bestimmten Stichtag, unabhängig wann und ob er Urlaub nimmt, das zusätzliche Urlaubsgeld ausbezahlt erhält. Sofern er in diesen Fällen beim Ausscheiden während des Urlaubsjahres anteiliges zusätzliches Urlaubsgeld mit 1/12 erhält, sind ebenso wie bei der Weihnachtsgratifikation maximal 3/12 über Kaug abzugelten, da es sich auch hier um sogenanntes aufgestautes Arbeitsentgelt handelt. Sofern für die Auszahlung des zusätzlichen Urlaubsgeldes jedoch eine Stichtagsregelung vereinbart ist, so ist ebenso wie bei der Weihnachtsgratifikation lediglich darauf abzustellen, ob der Fälligkeitszeitraum in den Kaug-Zeitraum fällt. In diesem Falle ist das zusätzliche Urlaubsgeld in voller Höhe als Kaug auszubezahlen.

(8) Lohn - und Gehaltsnachzahlungen

121 Sofern Lohn- und Gehaltsnachzahlungen vorgenommen werden, kommt es nicht darauf an, ob diese im Kaug-Zeitraum fällig werden. Auch in diesen Fällen ist allein ausschlaggebend die zeitliche Zuordnung, d. h., für welchen Zeitraum die Lohn- und Gehaltsnachzahlung bestimmt ist.

3. Höhe der Leistung

Nur diejenigen Nachzahlungszeiträume, die auf den Kaug-Zeitraum entfallen, sind im Rahmen der Kaug-Zahlungen zu berücksichtigen.

BSG, Urt. v. 24. 11. 1983 - 10 RAr 12/82,
ZIP 1984, 345.

3. Höhe der Leistung

Das Kaug ist so hoch wie der Teil des um die gesetzlichen Abzüge verminderten Arbeitsentgelts für die letzten der Eröffnung des Konkursverfahrens vorausgehenden 3 Monate des Arbeitsverhältnisses, welches der Arbeitnehmer noch zu beanspruchen hat (§ 141b Abs. 1 Satz 1 AFG/ § 185 Abs. 1 SGB III). 122

Bei der Berechnung des Kaug ist deshalb das Arbeitsentgelt um die steuerlichen Abzüge zu mindern. Diese Abzüge sind ausschließlich unter Verwendung der Lohnsteuertabellen zu ermitteln, wobei die Vorschriften über den Lohnsteuerjahresausgleich (§§ 42b und 39b Abs. 2 Satz 7 EStG) nicht anzuwenden sind. 123

BSG, Urt. v. 19. 2. 1986 - 10 RAr 14/84,
BSGE 60, 7 = KTS 1986, 491
= SGb 1986, 284.

Bei der Berechnung des Kaug ist die Lohnsteuer sonst aber so zu berücksichtigen, wie sie der Arbeitgeber zu berücksichtigen gehabt hätte, so daß auch bei Einmalzahlungen § 39b Abs. 3 EStG anzuwenden ist. 124

BSG, Urt. v. 10. 8. 1988 - 10 RAr 5/87,
KTS 1989, 178.

Die Kürzung des Kaug um die fiktiven Lohnsteuerbeträge hat dann zu unterbleiben, wenn das Arbeitsentgelt im Ausland erzielt und sowohl nach dem dortigen Steuerrecht als auch dem inländischen Steuerrecht steuerfrei ist. 125

BSG, Urt. v. 27. 6. 1985 - 10 RAr 16/84,
ZIP 1985, 1149.

Hier tritt mit Wirkung ab 1. Januar 1999 eine wesentliche Änderung ein, da im Falle der Steuerbefreiung im Inland oder auch im Ausland ein fiktiver Steuerabzug kraft Gesetzes erfolgt (§ 185 Abs. 2 SGB III). 126

I. Konkursausfallgeld

127 §§ 141a ff AFG (§§ 183 ff SGB III) sehen für die Höhe des über Kaug zu ersetzenden Arbeitsentgelts keine Begrenzung vor. Das Bundessozialgericht hat jedoch ausdrücklich offen gelassen, ob im Falle, daß das übliche Arbeitsentgelt um ein Vielfaches überstiegen wird, sich aus dem Zweck der Kaug-Versicherung etwas anderes ergibt.

> BSG, Urt. v. 24. 3. 1983 - 10 RAr 15/81,
> BSGE 55, 62 = ZIP 1983, 965.

128 Eine Begrenzung der Höhe nach ist mit Sinn und Zweck von § 141 Abs. 1 Satz 1 d AFG (§ 183 Abs. 1 SGB III) nicht vereinbar, da dem Arbeitnehmer ausgefallenes Arbeitsentgelt zu erstatten ist. Wenn im Rahmen des Kaug eine Begrenzung der Höhe nach eingeführt werden sollte, setzt dies eine § 7 Abs. 3 Satz 1 BetrAVG entsprechende Bestimmung im AFG voraus.

129 Auch wenn der rückständige Entgeltanspruch tituliert ist, kann und hat die Bundesanstalt für Arbeit die Verpflichtung, sowohl den Grund und vor allen Dingen auch die Höhe des Entgeltanspruchs selbständig zu prüfen. Nur so kann Manipulationen vorgebeugt werden.

> BSG, Urt. v. 20. 6. 1995 - 10 RAr 6/94,
> ZIP 1995, 1534, 1535;
> dazu EWiR 1995, 937 (Gagel).

130 Die in manchen Tarifverträgen geregelte Lohn- oder Gehaltsfortzahlung im Todesfall, also Versorgungsansprüche aufgrund eines beendeten Arbeitsverhältnisses, gehören nicht zu den nach §§ 141a ff AFG (§ 183 Abs. 1 SGB III) geschützten Ansprüchen, da es sich um kein Arbeitsentgelt handelt. Die Erben besitzen wegen der fehlenden Qualifikation dieser Zahlungen als Arbeitsentgelt keinen Kaug-Anspruch.

> BSG, Urt. v. 11. 3. 1987 - 10 RAr 2/85,
> ZIP 1987, 796.

131 Hierbei verbleibt es auch nach Änderung des § 141b AFG mit Wirkung vom 1. Januar 1993.

> Runderlaß der BA vom 16. 12. 1992 - 167/92,
> KTS 1993, 206.

132 Der Arbeitnehmer besitzt ein Wahlrecht dahingehend, ob er seine rückständigen Entgeltansprüche gegenüber der Bundesanstalt für Arbeit als Kaug oder gegenüber dem Konkursverwalter als Masseschuldanspruch

3. Höhe der Leistung

nach § 59 Abs. 1 Nr. 3a KO geltend macht. Ein Anspruch gegen den Konkursverwalter kann bis zu Entscheidung oder anderweitiger Erledigung des Kaug-Antrags nicht zuerkannt werden.

> BAG, Urt. v. 4. 6. 1977 - 5 AZR 663/75,
> BAGE 29, 211 = AP Nr. 4 zu § 59 KO (Anm. Zeuner)
> = BB 1977, 1351 = NJW 1978, 182.

Aus praktischen und haftungsrechtlichen Erwägungen ist jedoch dringend zu empfehlen, daß der Arbeitnehmer sein Wahlrecht dahingehend ausübt, daß er Antrag auf Kaug stellt, da hier seine Ansprüche wesentlich schneller befriedigt werden. Der Konkursverwalter ist in der Regel zu Beginn eines Insolvenzverfahrens nicht in der Lage, die Höhe der Masseschuldansprüche und der Massekosten zu überblicken, so daß er schon aus Haftungsgründen zunächst auf Masseschuldansprüche nach § 59 Abs. 1 Nr. 3a KO keine Zahlung leisten wird. Darüber hinaus geht der Arbeitnehmer das Risiko ein, daß Masseunzulänglichkeit nach § 60 KO eintritt mit der Folge, daß die schlechterrangigen Masseschuldansprüche nach § 59 Abs. 1 Nr. 3 KO nicht befriedigt werden. Bis eine solche Erklärung des Konkursverwalters erfolgt, ist regelmäßig die Ausschlußfrist des § 141e AFG (§ 324 Abs. 3 Satz 1 SGB III) verstrichen. **133**

Unterläßt der Rechtsanwalt im Rahmen eines laufenden arbeitsrechtlichen Mandats den Hinweis auf die Möglichkeit der Kaug-Beantragung und wird hierdurch seitens des Arbeitnehmers die Antragsfrist versäumt, soll der Rechtsanwalt für den eingetretenen Schaden haften. **134**

> AG Siegburg, Urt. v. 3. 9. 1987
> - 7 C 171/87, NJW-RR 1989, 155, 156.

Das Bundessozialgericht sieht dieses Problem differenzierter. Abzustellen sei auf das erteilte Mandat. Gehe der Auftrag auf Realisierung von Lohnrückständen, so zähle im Zweifel hierzu die Verpflichtung des Rechtsanwalts bei Kenntnis der Kaug-Voraussetzungen einen Antrag auf Kaug zu stellen. **135**

> BSG, Urt. v. 29. 10. 1992 - 10 RAr 14/91,
> BSGE 71, 213 = ZIP 1993, 372;
> dazu EWiR 1993, 209 (Grunsky).

Zum Arbeitsentgelt im Sinne der Kaug-Vorschriften zählen die Lohnfortzahlung im Krankheitsfalle, vermögenswirksame Leistungen, Gratifikationen, Jubiläumszuwendungen, Zuschüsse zum Krankengeld, Zuschüsse zum Mutterschaftsgeld, Reisekosten, Mankogelder etc. **136**

I. Konkursausfallgeld

2.61 Abs. 3 Nr. 2 Kaug-DA vom 5. 10. 1976
(ZIP 1980, 137, 143).

137 Auch Beiträge des Arbeitgebers zur Zukunftssicherung gehören zum Arbeitsentgelt. Deshalb können die Arbeitnehmer Beiträge zur betrieblichen Altersversorgung im Falle der Zahlungsunfähigkeit des Arbeitgebers selbst erbringen. Die im Dreimonatszeitraum erbrachten Beiträge sind über Kaug zu erstatten.

BAG, Urt. v. 17. 11. 1992 - 3 AZR 51/92,
BAGE 71, 364 = ZIP 1993, 696, 699;
dazu EWiR 1993, 541 (Schaub).

4. Verfahren

a) Pflichten des Arbeitnehmers

138 Der Arbeitnehmer hat einen Antrag zu stellen, wobei eine Form nicht vorgeschrieben ist. Ein wirksamer Antrag kann somit auch mündlich oder fernmündlich gestellt werden.

Gagel, AFG, § 141e AFG Anm. 1.

139 Der Antrag ist bei dem Arbeitsamt, welches für den Arbeitnehmer zuständige Lohnabrechnungsstelle des Arbeitgebers ist, zu stellen (§ 141e Abs. 2 Satz 1 AFG/§ 327 Abs. 3 SGB III).

140 Ein wirksamer Antrag kann jedoch auch - fristwahrend - nach § 16 SGB I bei anderen Stellen gestellten werden. Es handelt sich insoweit unter anderem um alle Dienststellen der Bundesanstalt für Arbeit, alle Dienststellen der in § 12 SGB I angesprochenen Leistungsträger, so z. B. die Orts-, Betriebs- und Innungskrankenkassen, Träger der gesetzlichen Unfallversicherung, die Rentenversicherungsträger etc.

141 Sofern der Antrag bei einer nicht in § 16 SGB I genannten Stelle gestellt wird, wird er erst mit Zugang bei dieser Stelle wirksam. Eines Zuganges bei dem Arbeitsamt bedarf es nicht (§ 16 Abs. 2 Satz 2 SGB I).

142 Ein wirksamer Kaug-Antrag kann auch durch Dritte gestellt werden, wobei Voraussetzung ist, daß eine Vollmacht vorliegt. Die Vollmacht muß spätestens bis zum Ablauf der Ausschlußfrist gemäß § 141e Abs. 1 Satz 2 AFG (§ 324 Abs. 3 Satz 1 SGB III) nachgereicht werden.

4. Verfahren

> BSG, Urt. v. 23. 10. 1984 - 10 RAr 6/83,
> ZIP 1985, 173;
> dazu EWiR 1985, 7 (H. Hess).

b) Pflichten des Arbeitgebers/Konkursverwalters

Während § 144 Abs. 3 AFG (§ 315 Abs. 1 SGB III) den Arbeitgeber eines Antragstellers zu Auskünften über dessen Beschäftigung und Umstände, welche die beantragte Leistung ausschließen oder mindern, verpflichtet, wird durch § 141g AFG (§ 316 SGB III) die Auskunftspflicht auf den Arbeitnehmer und den Konkursverwalter ausgedehnt. Diese sind neben dem Arbeitgeber zur Auskunft über alle Umstände, welche für das Kaug maßgeblich sind, verpflichtet. Einer der wesentlichsten Fälle der Auskunftserteilung ist die Feststellung von Insolvenzereignissen für den Fall, daß es nicht zur Konkurseröffnung kommt. Ohne die Mitwirkung von Dritten, insbesondere des Arbeitgebers, ließe sich im Falle der Einstellung des Verfahrens mangels Masse oder im Falle der vollständigen Beendigung der Betriebstätigkeit, wenn ein Antrag auf Eröffnung des Konkursverfahrens nicht gestellt worden ist und ein Konkursverfahren offensichtlich mangels Masse nicht in Betracht kommt (§ 141b Abs. 3 Nr. 1 und 2 AFG/§ 183 Abs. 1 Nr. 2 SGB III), die Anspruchsvoraussetzung für die Leistung von Kaug für das Arbeitsamt nur schwer feststellen. **143**

Die Auskunftspflicht wird in § 141g AFG (§ 316 Abs. 2 SGB III) auf alle Personen ausgedehnt, welche Einblick in die Arbeitsentgeltunterlagen hatten. Hierdurch wird die Geheimhaltungspflicht des Steuerberaters oder Wirtschaftsprüfers ausgeschlossen. **144**

Die Auskunftspflicht sowohl nach § 144 AFG (§ 315 Abs. 1 SGB) als auch nach § 141g AFG (§ 316 SGB III) umfaßt erforderlichenfalls auch seitens des Auskunftsverpflichteten, daß dieser Nachforschungen anstellt. **145**

Sofern die Auskunft schuldhaft unrichtig oder unvollständig erteilt wird, ist gemäß § 145 Abs. 2 AFG (§ 321 SGB III) der Bundesanstalt für Arbeit dieser der entstandene Schaden zu erstatten. **146**

> BSG, Urt. v. 25. 3. 1982 - 10 RAr 7/81,
> BSGE 53, 212 = ZIP 1982, 1336.

Neben der generellen Auskunftsverpflichtung, welche in § 141g AFG (§ 316 SGB III) normiert ist, sind speziell die Pflichten des Konkursverwalters in § 141h AFG (§ 314 Abs. 1 SGB III) geregelt. Ein Tätigwerden des Konkursverwalters setzt ein Verlangen des Arbeitsamtes, welches die **147**

I. Konkursausfallgeld

Arbeitnehmer, für welche eine Arbeitsbescheinigung verlangt wird, zu bezeichnen hat, voraus.

Gagel, AFG, § 141h Anm. 2.

148 Die Verdienstbescheinigung ist auf dem von der Bundesanstalt für Arbeit vorgesehenen Vordruck zu erstellen (§ 141h Abs. 1 Satz 2 AFG/§ 314 Abs. 1 Satz 3 SGB III). In der Verdienstbescheinigung ist die Höhe des Arbeitsentgeltes für die letzten der Eröffnung des Konkursverfahrens vorausgehenden 3 Monate des Arbeitsverhältnisses zu bescheinigen. Gleichfalls anzugeben ist die Höhe der gesetzlichen Abzüge und eventuelle Abschlagszahlungen. Der Konkursverwalter ist daneben verpflichtet zu bescheinigen, inwieweit die Ansprüche auf Arbeitsentgelt gepfändet, verpfändet und abgetreten sind. Um dieser Verpflichtung nachkommen zu können, ist der Konkursverwalter auf weitestgehende Auskunftsverpflichtungen derjenigen Personen, die Einblick in die Arbeitsentgeltunterlagen hatten oder haben, angewiesen. Ihm stehen deshalb gemäß § 141h Abs. 2 AFG (§ 316 Abs. 2 SGB III) die gleichen Auskunftsansprüche wie der Bundesanstalt für Arbeit gemäß § 141g AFG (§ 316 Abs. 1 SGB III) zur Verfügung.

149 Sofern die Arbeitsbescheinigung, insbesondere zur Frage, ob Arbeitsentgelt gepfändet, verpfändet oder abgetreten ist, vorsätzlich oder fahrlässig unrichtig ausgefüllt wird, ist der Konkursverwalter dem Grunde nach der Bundesanstalt für Arbeit zum Schadensersatz verpflichtet (§ 145 Nr. 1 AFG/§ 321 Nr. 1 SGB III). Bis vor kurzem war hierdurch dem Konkursverwalter das volle Risiko überbürdet, da er auch für Erfüllungsgehilfen haftete.

BSG, Urt. v. 25. 3. 1982 - 10 RAr 7/81,
BSGE 53, 212 = ZIP 1982, 1336.

150 Nachdem das Bundessozialgericht ausdrücklich im Rahmen des § 145 AFG (§ 321 Nr. 1 SGB III) die Vorschriften des Zivilrechts für anwendbar erklärte, dürfte für den Konkursverwalter nach der Entscheidung des Bundesgerichtshofs vom 4. Dezember 1986 der bislang versagte Entlastungsbeweis für den Erfüllungsgehilfen gemäß § 278 BGB eröffnet sein.

BGH, Urt. v. 4. 12. 1986 - IX ZR 47/86,
BGHZ 99, 151 = ZIP 1987, 115;
dazu EWiR 1986, 1229 (Merz).

4. Verfahren

Nachdem der Bundesgerichtshof auf die Sorgfalt eines ordentlichen und gewissenhaften Geschäftsführers abstellt, dürfte für die Verantwortung von Fehlhandlungen von Hilfspersonen § 831 BGB und nicht § 278 BGB zur Anwendung gelangen, mit der Folge, daß der Konkursverwalter den Entlastungsbeweis nach § 831 Abs. 1 Satz 2 BGB führen kann. Diese Beweisführung fällt dem Konkursverwalter leicht, da regelmäßig ein Auswahlverschulden nicht vorliegt wird, wenn er sich zur Erfüllung seiner Aufgaben der im gemeinschuldnerischen Betrieb tätigen Arbeitnehmer bedient. **151**

Im Falle der Haftung des Konkursverwalters gemäß § 145 AFG (§ 321 SGB III) kann der Anspruch nicht durch Verwaltungsakt geltend gemacht werden, sondern ist durch Leistungsklage zu verfolgen. Hierfür ist der Rechtsweg zu den Sozialgerichten eröffnet. **152**

> BSG, Urt. v. 12. 2. 1980 - 7 RAr 106/78,
> ZIP 1980, 348.

Da durch die Stellung des Antrages auf Kaug die Konkursmasse von den Masseschuldansprüchen nach § 59 Abs. 1 Nr. 3a KO entlastet wird und die Ansprüche der Bundesanstalt für Arbeit aus Bezahlung von Kaug eine nach § 61 Abs. 1 Nr. 1a KO bevorrechtigte Konkursforderung darstellen (§ 59 Abs. 2 KO), ist der Konkursverwalter für verpflichtet zu erachten, bei den Arbeitnehmern auf die Stellung von Kaug-Anträgen hinzuwirken. Unterläßt er dies, setzt er sich Haftungsansprüchen nach § 82 KO aus. **153**

In der Regel wird das Kaug durch die Bundesanstalt für Arbeit ausbezahlt. Sofern im gemeinschuldnerischen Betrieb geeignete Arbeitskräfte vorhanden sind und das Arbeitsamt die Mittel für die Auszahlung des Kaug bereitstellt, hat der Konkursverwalter auf Verlangen des Arbeitsamtes das Kaug kostenlos zu errechnen und auszuzahlen (§ 141i AFG/§ 320 Abs. 2 SGB III). Die Inanspruchnahme des Konkursverwalters liegt im Ermessen des Arbeitsamtes, welches wegen der ohnedies starken Belastung des Konkursverwalters durch sonstige Aufgaben von der Möglichkeit des § 141i AFG (§ 320 Abs. 2 SGB III) zurückhaltend Gebrauch machen sollte. **154**

> Kretschmer, KTS 1977, 137.

Da das Verlangen auf Errechnung und Auszahlung des Kaug einen Verwaltungsakt darstellt, kann dieser durch den Konkursverwalter, wenn dieser der Auffassung ist, die Voraussetzungen lägen nicht vor, im sozialgerichtlichen Verfahren angefochten werden. **155**

I. Konkursausfallgeld

156 Insbesondere im Großverfahren empfiehlt es sich für den Konkursverwalter, im Interesse der Arbeitnehmer von sich aus von der Möglichkeit des § 141i AFG (§ 320 Abs. 2 SGB III) Gebrauch zu machen.

Hess, GK-AFG, § 141i Anm. 7 ff.

157 Da Kaug nur gewährt wird, wenn die zugrundeliegenden Arbeitsentgeltansprüche im Zeitpunkt der Antragstellung noch nicht erfüllt, verjährt oder wegen Ablaufs einer tariflichen Ausschlußfrist verfallen waren, ist der Konkursverwalter vor Erstellung der Verdienstbescheinigung zur Prüfung dieser Fragen verpflichtet. Die Bundesanstalt für Arbeit geht davon aus, daß der Konkursverwalter nur bestehende und nicht verjährte oder verfallene Ansprüche auf Arbeitsentgelt bescheinigt hat (DA 2.6.4 Abs. 1).

Kaug-DA ZIP 1980, 137 ff.

158 Für den Fall, daß der Konkursverwalter verjährte oder insbesondere wegen Ablauf einer tariflichen Ausschlußfrist verfallene Arbeitsentgeltansprüche bescheinigt, setzt er sich der Schadensersatzverpflichtung nach § 145 Nr. 1 AFG (§ 321 Nr. 1 SGB III) aus.

159 In der Verdienstbescheinigung wird in der Zeile 9 danach gefragt, ob der Konkursverwalter von seinem Anfechtungs- bzw. Leistungsverweigerungsrecht (§ 184 Abs. 1 Nr. 3 SGB III) Gebrauch gemacht hat. Sofern diese Frage vom Konkursverwalter bejaht wird, sind diese Beträge, bezüglich derer ein Leistungsverweigerungsrecht bejaht wird, in der Verdienstbescheinigung nicht aufzunehmen.

160 Die in vielen Fällen geregelten tarifvertraglichen Ausschlußfristen verlieren nach Ansicht des Bundesarbeitsgericht im Falle der Konkurseröffnung jeglichen Sinn. Dies gilt jedoch dann nicht, wenn bei Konkurseröffnung durch Ablauf der tarifvertraglichen Ausschlußfrist die Forderung des Arbeitnehmers bereits erloschen war. Sofern nach Konkurseröffnung das Arbeitsverhältnis noch fortgesetzt wird, finden für diejenigen Ansprüche, die nach Konkurseröffnung als Masseschuldansprüche nach § 59 Abs. 1 Nr. 2 KO entstehen, tarifvertragliche Ausschlußfristen Anwendung. Auf die vor Konkurseröffnung entstandenen Ansprüche des § 59 Abs. 1 Nr. 3a KO, und damit auch für die Kaug-Ansprüche der Arbeitnehmer, finden Ausschlußfristen keine Anwendung.

4. Verfahren

> BAG, Urt v. 18. 12. 1984 - 1 AZR 588/82,
> BAGE 47, 343 = ZIP 1985, 754, 756, 757;
> dazu EWiR 1985, 247 (J.-H. Bauer).

Andererseits sind Fälle denkbar, in welchen die Leitungsmacht vor Konkurseröffnung durch den Betriebserwerber übernommen wird und er deshalb auch der Bundesanstalt für Arbeit gemäß § 613a BGB für rückständiges Arbeitsentgelt und damit auf Erstattung von Kaug haftet. Hier läuft zu Lasten der Bundesanstalt für Arbeit eine tarifliche Ausschlußfrist auch dann, wenn der Konkursverwalter die Verdienstbescheinigungen erstellt. **161**

> LAG Schleswig-Holstein, Urt. v. 19. 9. 1995
> - 1 Sa 460/95, ZIP 1995, 1687;
> dazu EWiR 1995, 1041 (Peters-Lange).

c)   **Anspruchsübergang**

Der Anspruch auf rückständigen Arbeitslohn, für welchen Kaug beantragt wird, geht mit Stellung des Antrages auf die Bundesanstalt für Arbeit über (§ 141m Abs. 1 AFG/§ 187 SGB III). Der Anspruchsübergang erfolgt auch dann, wenn sich später ergibt, daß ein Anspruch auf Kaug nicht besteht. **162**

> BAG, Urt. v. 10. 2. 1982 - 5 AZR 936/79,
> BAGE 38, 1 = ZIP 1982, 1105
> = AP Nr. 1 zu § 141m AFG (Anm. Brackmann)
> = NJW 1983, 592.

Hieraus folgt, daß erst nach Erledigung oder sonst abschließender Entscheidung über den Antrag auf Kaug der gleiche Anspruch (§ 141b AFG/§ 183 Abs. 1 SGB III) gegenüber dem Konkursverwalter zuerkannt werden darf. **163**

> BAG, Urt. v. 4. 6. 1977 - 5 AZR 663/75,
> BAGE 29, 211 = AP Nr. 4 zu § 59 KO (Anm. Zeuner)
> = BB 1977, 1351 = NJW 1978, 182.

Zweck des Anspruchsüberganges nach § 141m AFG (§ 187 SGB III) ist, daß die Bundesanstalt für Arbeit in die Lage versetzt wird, notwendig erscheinende Schritte zur Klärung der tatsächlichen Lage zu ergreifen. **164**

> BSG, Urt. v. 17. 7. 1979 - 12 RAr 15/78,
> BSGE 48, 269 = ZIP 1980, 126.

I. Konkursausfallgeld

165 Ob eine Pflicht der Bundesanstalt für Arbeit zur Stellung eines Konkursantrags besteht, ist nach dem Wechsel der Zuständigkeit vom 12. zum 10. Senat des Bundessozialgerichts zumindest zweifelhaft.

> BSG, Urt. v. 15. 12. 1992 - 10 RAr 2/92,
> ZIP 1993, 689, 691;
> dazu EWiR 1993, 417 (Onusseit).

166 Mit Eintritt der Bindungswirkung eines ablehnenden Bescheides tritt der Arbeitnehmer wieder in seine Rechte ein, so daß zwischenzeitlich von ihm vorgenommene Rechtshandlungen rückwirkend wirksam werden.

167 Der Anspruchsübergang bezieht sich auf den Nettobetrag des Entgelts.

> Gagel, AFG, § 141m Anm. 1.

168 Die vom Bundesarbeitsgericht im Urteil vom 17. April 1985 aufgeworfene Frage, ob der Bruttolohn auf die Bundesanstalt für Arbeit übergeht,

> BAG, Urt. v. 17. 4. 1985 - 5 AZR 74/84,
> BAGE 48, 229 = ZIP 1985, 1405
> = NZA 1986, 191;
> dazu EWiR 1985, 823 (Theobald),

ist zwischenzeitig durch Änderung von § 3 Nr. 2 EStG (BGBl I 1992, 297) entschieden. Es ist nunmehr klargestellt, daß die Lohnsteuerfreiheit auch für Ansprüche nach § 141m Abs. 1 und § 141n Abs. 2 AFG (§ 187 SGB III) gilt. Diese Regelung trat rückwirkend in Kraft (§ 52 Abs. 2c EStG).

169 Soweit für die Arbeitsentgeltforderung Pfandrechte bestellt sind oder Ansprüche gegen mithaftende Dritte bestehen, wie z. B. Bürgen (§ 401 BGB), Betriebsübernehmer (§ 613a BGB) oder persönlich haftende Gesellschafter einer Personengesellschaft, gehen auch diese Ansprüche auf die Bundesanstalt für Arbeit mit über.

170 Aufgrund des Rechtsüberganges und der alleinigen Inhaberschaft der Forderung ist die Bundesanstalt für Arbeit berechtigt und verpflichtet, alle sich aus der Forderung ergebenden Rechte geltend zu machen. Insbesondere weil die Forderung im Falle der Ablehnung der Kaug-Leistung an den Arbeitnehmer zurückfällt, hat die Bundesanstalt für Arbeit aufgrund ihrer treuhänderischen Stellung alle Rechte aus der Forderung zu wahren. Hierzu gehört unter anderem auch die Stellung eines Antrages auf Eröff-

4. Verfahren

nung des Konkursverfahrens, soweit dies erforderlich ist, um die Voraussetzung für einen bisher nicht begründeten Kaug-Anspruch zu schaffen.

Soweit die Ansprüche nach § 141m Abs. 1 AFG (§ 187 SGB III) auf die Bundesanstalt für Arbeit übergehen, erfolgt eine Herabstufung zu bevorrechtigten Konkursforderungen nach § 61 Abs. 1 Nr. 1 KO (vgl. § 59 Abs. 2 KO). § 59 Abs. 2 KO gilt nur für diejenigen Forderungen, welche Masseforderungen i. S. d. § 59 Abs. 1 Nr. 3a KO darstellen. Für die Zeiträume davor verbleibt es auch bei einem Forderungsübergang auf die Bundesanstalt für Arbeit bei der konkursrechtlichen Zuordnung, also Forderungen für die Zeit von 7 bis 12 Monaten vor Konkurseröffnung sind bevorrechtigt nach § 61 Abs. 1 Nr. 1a KO, während Forderungen für länger als 12 Monate zurückliegende Zeiträume einfache Konkursforderungen i. S. d. § 61 Abs. 1 Nr. 6 KO darstellen. 171

Kuhn/Uhlenbruck, KO, § 59 Anm. 15 w.

Während vor Stellung des Antrages auf Kaug die Ansprüche auf Arbeitsentgelt auf einen Dritten übertragen werden können (§ 141k Abs. 1 Satz 1 AFG), kann nach Stellung des Antrages auf Kaug nur noch dieser Anspruch übertragen werden (§ 141l Abs. 1 Satz 1 AFG). Es ist deshalb im Falle einer sich abzeichnenden Insolvenz erforderlich, bei dem Arbeitnehmer abzuklären, ob er bereits Antrag auf Kaug gestellt hat oder nicht. Hat er bereits Kaug beantragt und tritt er seine Ansprüche auf Arbeitsentgelt ab, geht die Abtretung ist Leere. Eine erfolgte Abtretung von Arbeitsentgelt oder des Anspruches auf Kaug ist dem Arbeitsamt, welches für den Arbeitgeber zuständig ist, anzuzeigen (§ 407 Abs. 1 BGB). 172

Hier erfolgt mir Wirkung ab 1. Januar 1999 eine wesentliche Änderung. Kraft Gesetzes erfaßt die Abtretung von Ansprüchen aus Arbeitsentgelt auch den Anspruch auf Insolvenzgeld (§ 188 Abs. 1 SGB III). Gleiches gilt für Pfändung oder Verpfändung von Arbeitsentgeltansprüchen (§ 188 Abs. 2 SGB III). 173

Für den Kaug-Anspruch ist es unerheblich, ob dem Arbeitnehmer ein Dritter für den Arbeitsentgeltanspruch haftet. Es ist dem Arbeitnehmer insbesondere nicht zuzumuten, daß er sich bei einem anderen als seinem Arbeitgeber um die Realisierung seiner Ansprüche auf rückständiges Arbeitsentgelt bemüht. Es ist Aufgabe der Bundesanstalt für Arbeit, sich um die Realisierung übergangener Ansprüche zu bemühen. 174

BSG, Urt. v. 30. 4. 1981 - 10/8b/12 RAr 11/79,
BSGE 51, 296 = ZIP 1981, 748, 749.

I. Konkursausfallgeld

175 Sofern im Wege der übertragenen Sanierung eine Gesellschaft einen Betrieb eines insolventen Unternehmers übernimmt, werden grundsätzlich erneut Ansprüche der Arbeitnehmer auf Kaug im Falle der Insolvenz des Betriebsübernehmers begründet. Dies gilt auch dann, wenn eine Teilidentität der Gesellschafter des Betriebsübernehmers mit den Gesellschaftern des Alt-Unternehmer vorliegt. Ausschlaggebend ist allein, daß im Rechtssinne ein neuer Arbeitgeber insolvent wurde.

BSG, Urt. v. 28. 6. 1983 - 10 RAr 26/81,
BSGE 55, 195 = ZIP 1983, 1224, 1225.

176 Der Anspruchsübergang auf die Bundesanstalt für Arbeit erfolgt in Höhe des Netto-Lohnanspruchs.

BAG, Urt. v. 17. 4. 1985 - 5 AZR 74/84,
BAGE 48, 229 = ZIP 1985, 1405
AP Nr. 15 zu § 611 BGB - Lohnanspruch
= NJW 1986, 1066.

5. Abtretung des Konkursausfallgeldanspruchs

177 Der Kaug-Anspruch ist vor Antragstellung weder verpfändbar noch übertragbar (§ 1411 Abs. 1 AFG). Eine Ausnahme gilt für die Pfändung, die aufschiebend bedingt wirksam ist und mit Stellung des Kaug-Antrages Wirksamkeit erlangt (§ 1411 Abs. 1 Satz 2 AFG). Im Falle der Pfändung ist Drittschuldner des Kaug i. S. d. §§ 829, 845 ZPO das zuständige Arbeitsamt. Bei mehrfachen Pfändungen gilt der Prioritätengrundsatz nach § 804 Abs. 3 ZPO.

178 Das Recht zur Stellung eines Kaug-Antrages hat nur der Inhaber des Arbeitsentgeltanspruchs, weshalb im Falle der Pfändung von Kaug vor Antragstellung dem Pfandgläubiger kein Antragsrecht zusteht.

Gagel, AFG, § 1411 Anm. 4.

179 Soweit das Arbeitsentgelt der Pfändung unterliegt, kann es gemäß § 400 BGB abgetreten werden. Fließen dem Arbeitnehmer wirtschaftliche gleichwertige Leistungen zu, also dem Arbeitnehmer wird der Lohn bezahlt, ist auch der unpfändbare Arbeitsentgeltanteil abtretbar.

BGH, Beschl. v. 31. 5. 1954 - GSZ 2/54,
BGHZ 13, 360 = NJW 1954, 1153.

5. Abtretung des Konkursausfallgeldanspruchs

Da Arbeitsentgeltansprüche und Kaug-Anspruch miteinander in der Form verklammert sind, daß Kaug auch demjenigen zugute kommt, der den Anspruch auf Arbeitsentgelt erwirbt, werden die hierdurch gegebenen Kreditmöglichkeiten - teils auch mißbräuchlich - genutzt. Die verschiedenen Möglichkeiten reichen von der Weiterarbeit der Arbeitnehmer ohne Lohn für die Dauer von 3 Monaten, da dieser Anspruch über Kaug gesichert ist, bis zur Poolbildung zwischen Lieferanten und Banken, wobei dann der Pool sich der bisherigen Arbeitskräfte - ohne Entgeltzahlung - bedient. 180

> Gagel, AFG, § 141k Anm. 4.

Gleichgültig, ob durch Dritte mit den Möglichkeiten der Kaug-Finanzierung Mißbrauch getrieben wird oder nicht, führt dies keineswegs zum Wegfall des Kaug-Anspruchs des Arbeitnehmers oder einer Verschiebung des Kaug-Zeitraums. 181

> Gagel, AFG, § 141k Anm. 9.

Ein Mißbrauch kann nur zur Folge haben, daß ein Kaug-Anspruch für einen Dritten nicht entsteht. 182

Das Bundessozialgericht sah unter engen Voraussetzungen die Vorfinanzierung des Kaug durch Kreditinstitute im Darlehensweg nicht als mißbräuchlich an, sondern wies ausdrücklich darauf hin, daß die Vorfinanzierung des Kaug durch § 141k AFG gebilligt wird. 183

> BSG, Urt. 23. 10. 1984 - 10 RAr 6/83,
> ZIP 1985, 173, 174;
> dazu EWiR 1985, 7 (H. Hess).

Mit Urteil vom 8. April 1992 erteilte das Bundessozialgericht nun dem Kreditierungsverfahren eine Absage und fordert für eine wirksame Kaug-Vorfinanzierung den Forderungsverkauf der Arbeitsentgeltansprüche. 184

> BSG, Urt. v. 8. 4. 1992 - 10 RAr 12/91,
> BSGE 70, 265 = ZIP 1992, 941;
> dazu EWiR 1992, 731 (Hanau).

Die Bundesanstalt für Arbeit reagierte auf diese Entscheidung durch Anpassung der Kaug-Durchführungsanweisung vom 24. Juli 1992. 185

> Runderlaß 11/92 - abgedruckt in:
> ZIP 1992, 1279.

I. Konkursausfallgeld

186 Voraussetzung einer zulässigen Kaug-Vorfinanzierung ist nicht, daß ernsthafte Sanierungsbemühungen unternommen werden, da der Mißbrauch nach der Neuregelung des § 141k Abs. 2a AFG in der Vermeidung von Sondervorteilen für Banken, Anteilseigner etc. zu sehen ist.

> BSG, Urt. v. 22. 3. 1995 - 10 RAr 1/94,
> BSGE 76, 67 = ZIP 1995, 935, 938;
> dazu EWiR 1995, 729 (Irschlinger).

187 Grundsätzlich ist die sogenannte Ausproduktion und die Kaug-Vorfinanzierung hierfür unbedenklich, wenn es weder eine "revolvierende" Kaug-Finanzierung ist noch einzelnen Gläubigern oder Gläubigergruppen Sondervorteile eingeräumt werden.

> BSG, aaO.

188 Der Mißbrauchstatbestand des § 141k Abs. 2a AFG ist jedoch bei Kaug-Vorfinanzierung durch eine Gläubigerbank auch dann gegeben, wenn die Kreditierung mit Genehmigung des gerichtlich bestellten Sequesters erfolgt, da § 141k Abs. 2a AFG ein gesetzliches Verfügungsverbot darstellt, so daß die Abtretung der Entgeltansprüche nach § 134 BGB nichtig ist.

> BSG, Urt. v. 30. 4. 1996 - 10 RAr 2/94,
> ZIP 1996, 1439 = AP Nr. 4 § 141k AFG;
> dazu EWiR 996, 769 (Peters-Lange).

189 Eine gravierende Änderung, welche mehr oder weniger die Vorfinanzierung der Kaug-Ansprüche ausschließt, erfolgt ab 1. Januar 1999 durch § 188 Abs. 4 Satz 1 SGB III. Nach dieser Bestimmung erhalten Gläubiger oder Pfandgläubiger, welche ohne Zustimmung des Arbeitsamtes Arbeitentgelt zum Zwecke der Vorfinanzierung erlangt haben kein Insolvenzgeld, es sei denn der Übertragung wäre zugestimmt worden (§ 188 Abs. 4 Satz 2 SGB III). In der amtlichen Gründung zu § 186 Abs. 4 SGB III wird darauf verwiesen, daß sich § 141k Abs. 2a AFG in der Verwaltungspraxis als unzureichend erwiesen habe und eine mißbräuchliche Inanspruchnahme der Kaug-Versicherung nicht zu verhindern war.

190 Künftighin ist die Zustimmung des Arbeitsamtes zur Übertragung oder Verpfändung der Arbeitsentgeltansprüche erforderlich. Die Zustimmung wird nur erteilt werden, wenn eine positive Prognoseentscheidung durch das Arbeitsamt in Bezug auf die Erhaltung eines erheblichen Teiles der Arbeitsplätze, also eine positive Sanierungsprognose, getroffen wird (§ 188 Abs. 4 Satz 2 SGB III).

6. Konkursausfallgeldansprüche Dritter

Soweit das Kaug mißbräuchlich in Anspruch genommen wird, können hieraus gegen die Beteiligten - mit Ausnahme des Arbeitnehmers - Schadenersatzansprüche nach § 826 BGB unter dem Gesichtspunkt der Konkursverschleppung in Betracht kommen. 191

BSG, Urt. v. 28. 6. 1983 - 10 RAr 26/81,
BSGE 55, 195 = ZIP 1983, 1224, 1228.

Diese Schadenersatzansprüche müssen durch die Bundesanstalt für Arbeit im Zivilrechtsweg geltend gemacht werden, da keine Möglichkeit besteht, einen Verwaltungsakt zu erlassen. 192

BSG, Urt. v. 12. 2. 1980 - 7 RAr 26/79,
BSGE 49, 291 = SozR 4100 § 145 Nr. 1.

Auch in Fällen des Mißbrauchs des Kaug, z. B. bei Scheinsanierungen, bleiben die Kaug-Ansprüche des Arbeitnehmers erhalten. Lediglich in Fällen, in welchen der Arbeitnehmer an der Manipulation mitgewirkt hat oder in Kenntnis einer solchen Manipulation bei dem neuen Arbeitgeber weiterarbeitet, könnten Kaug-Ansprüche ausscheiden. 193

BSG, Urt. v. 28. 6. 1983 - 10 RAr 26/81,
BSGE 55, 195 = ZIP 1983, 1224, 1228.

Da Kaug und Alg aus verschiedenen Vermögensmassen geleistet werden, tritt im Falle des Einsparens von Arbeitslosengeld keine Schadensminderung ein. 194

6. Konkursausfallgeldansprüche Dritter

Soweit die Ansprüche auf Arbeitsentgelt vor Stellung des Antrages auf Kaug auf einen Dritten übertragen worden sind, steht der Anspruch auf Kaug diesem zu (§ 141k Abs. 1 Satz 1 AFG/§ 188 Abs. 1 SGB III). 195

Wenn jedoch der Arbeitnehmer an einen Betriebsübernehmer seine Entgeltansprüche vor der Betriebsübernahme abtritt, erwirbt der Übernehmer keinen Anspruch auf Kaug. Im Falle einer Betriebsübernahme mit den haftungsrechtlichen Folgen des § 613a Abs. 1 Satz 1 BGB hat der Arbeitnehmer wegen des Zwecks des Kaug aus vorrangiger Sicherung zunächst Anspruch auf Kaug-Zahlung. 196

BSG, Urt. v. 30. 4. 1981 - 10/8b/12 RAr 11/79,
BSGE 51, 296, 298 = ZIP 1981, 748.

I. Konkursausfallgeld

197 Die Bundesanstalt für Arbeit hat dann die auf sie gemäß § 141m AFG (§ 187 SGB III) übergegangenen Ansprüche gegen den Betriebsübernehmer geltend zu machen.

198 Sofern ein Betriebsübernehmer, bevor die Anspruchsvoraussetzungen für Kaug gemäß § 141b AFG (§ 183 Abs. 1 SGB III) vorliegen, auf das zu erwartende Kaug-Zahlungen an die Arbeitnehmer leistet und sich dafür die rückständigen Lohn- und Gehaltsansprüche abtreten läßt, besitzt er keinen Anspruch auf Kaug gemäß § 141k Abs. 1 Satz 1 AFG (§ 188 Abs. 1 SGB III), da durch die haftungsrechtlichen Folgen des § 613a Abs. 1 Satz 1 BGB die Entgeltansprüche vor Antragstellung durch Konfusion erloschen sind.

> BSG, Urt. v. 6. 11. 1985 - 10 RAr 3/84,
> BSGE 59, 107 = ZIP 1986, 100;
> dazu EWiR 1986, 105 (Grunsky).

199 Nicht zu den Abzweigungen i. S. d. § 141k Abs. 1 AFG (§ 188 Abs. 1 SGB III) gehören Einbehaltungen und Weiterleitungen, welche der Arbeitgeber im Auftrage des Arbeitnehmers vornimmt. Hierunter fallen z. B. Einbehalt von Gewerkschaftsbeiträgen, Einbehalt und Abzweigung vermögenswirksamer Leistungen. Diese Abzweigungen mindern nicht den Anspruch des Arbeitnehmers auf Kaug, so daß die Auszahlung an ihn vorzunehmen ist und der Begünstigte keinen Kaug-Anspruch erworben hat.

200 Dritte haben Anspruch auf Kaug, wenn ihnen entweder der Anspruch des Arbeitnehmers auf Arbeitsentgelt (§ 141k Abs. 1 AFG/§ 188 Abs. 1 SGB III) übertragen wurde oder eine Übertragung des Kaug-Anspruchs vorliegt (§ 141l Abs. 2 AFG). Das gleiche gilt, wenn die Übertragung des Anspruchs auf Arbeitsentgelt oder Kaug durch gesetzlichen Forderungsübergang (z. B. § 90 Abs. 1 BSHG) erfolgte.

201 Für die Kaug-Anträge Dritter gilt gleichfalls die Ausschlußfrist des § 141e Abs. 1 Satz 2 AFG (§ 324 Abs. 3 Satz 1 SGB III). Nach DA 4.4 ist jedoch die Antragsfrist im Falle eines Anspruches, welcher auf einer Pfändung oder Verpfändung des Arbeitsentgeltanspruchs oder einer Übertragung, Pfändung oder Verpfändung des Kaug-Anspruchs beruht, gewahrt, wenn der Arbeitnehmer seinerseits fristgerecht Kaug beantragt hat.

202 Während dem Arbeitnehmer unter den in § 141f AFG genannten Voraussetzungen ein Vorschuß auf das Kaug zu zahlen ist, wird diese Vor-

6. Konkursausfallgeldansprüche Dritter

schußpflicht in § 141k Abs. 1 Satz 2 AFG im Falle des Kaug-Antrags Dritter dahingehend begrenzt, daß ein Vorschußanspruch nur im Falle der Übertragung wegen einer gesetzlichen Unterhaltsverpflichtung besteht.

Eine wesentliche Vereinfachung wird zum 1. Januar 1999 bezüglich des Vorschusses auf Kaug (Insolvenzgeld) erfolgen. Es wird auch die bisherige Regelung, wonach bei einem Kaug-Antrag Dritter ein Vorschußanspruch nur im Falle der Übertragung nur wegen einer gesetzlichen Unterhaltsverpflichtung besteht, aufgegeben. Es besteht grundsätzlich unter den in § 186 SGB III genannten Voraussetzungen ein ermessensabhängiger Anspruch auf Gewährung eines Vorschusses. **203**

§ 141k AFG gilt auch für die Fälle eines gesetzlichen Forderungsübergangs. **204**

Gagel, AFG, § 141k Anm. 12.

In Fällen, in welchen die Arbeitsentgeltforderung und damit der Kaug-Anspruch auf die Bundesanstalt für Arbeit übergehen, erlischt die Forderung auf Kaug durch Konfusion. Es kommt in diesem Fall nicht darauf an, daß beide Leistungen aus verschiedenen Vermögensmasse erbracht werden. **205**

BSG, Urt. v. 22. 4. 1986 - 10 RAr 12/85,
ZIP 1986, 852;
dazu EWiR 1986, 741 (Plagemann).

II. Arbeitslosengeld

Vorbemerkung

Die für die Zahlung von Alg maßgeblichen Bestimmungen des AFG sind durch das Arbeitsförderungs-Reformgesetz -AFRG- vom 24. März 1997 geändert worden. Der wesentliche Teil dieses Gesetzes - Artikel I - tritt am 1. Januar 1998 in Kraft und wird als Drittes Buch in das Sozialgesetzbuch (SGB III) eingefügt. 206

Mit Artikel XI AFRG wurden wesentliche Teile des bestehenden AFG bereits ab 1. April 1997 neu gefaßt. Durch weitreichende Übergangsbestimmungen wird der größe Teil dieser Neuerungen jedoch erst ab Januar 1998 bzw. April 1999 wirksam werden. 207

Änderungen des AFG durch Artikel XI AFRG

1) Beitragspflicht zur Bundesanstalt für Arbeit und Arbeitslosigkeit

Die Beitragspflicht zur Bundesanstalt für Arbeit bestimmt sich nicht mehr nach der Kurzzeitigkeitsgrenze von 18 Wochenstunden sondern nach der **Geringfügigkeitsgrenze**. Wie in der gesetzlichen Kranken- und Rentenversicherung ist seit 1. April 1997 derjenige beitragspflichtig zur Bundesanstalt für Arbeit beschäftigt, der in der Woche 15 Stunden oder mehr arbeitet bzw. dessen monatliches Entgelt aus dieser Tätigkeit ein siebtel der Bezugsgröße (derzeit im Osten 520 DM bzw. im Westen 610 DM) nicht übersteigt. Ist das Gesamteinkommen aus der Beschäftigung niedriger als ein sechstel des Gesamteinkommens eines Arbeitnehmers, liegt ebenfalls Geringfügigkeit vor. 208

Auch die **Arbeitslosigkeit** wird seit 1. April 1997 an der Geringfügigkeit geprüft. Dabei werden mehrere geringfügige Beschäftigungsverhältnisse zusammengezählt, was bei Beurteilung der Beitragspflicht nicht der Fall ist. 209

Übergangsbestimmungen (§ 242y Abs. 1 AFG)

Der Wechsel von der Kurzzeitigkeits- zur Geringfügigkeitsgrenze wirkt sich aufgrund der Übergangsvorschrift des § 242y Abs. 1 AFG zunächst nur auf die Beurteilung der Beitragspflicht aus. Für die Beurteilung der Arbeitslosigkeit ist bis Ende 1997 die Kurzzeitigkeit maßgeblich. Außerdem gelten Arbeitslose, die bereits fortlaufend Alg oder Alhi beziehen und daneben arbeiten, weiter als arbeitslos, wenn sie zwar mehr als ge- 210

II. Arbeitslosengeld

ringfügig aber weniger als kurzzeitig in einer Nebenbeschäftigung tätig sind. Bis dahin bleibt die Tätigkeit auch beitragsfrei.

2) Zumutbarkeit von Beschäftigungen

211 Für die Beurteilung der Frage, was für eine Tätigkeit einem Arbeitslosen zugemutet werden darf, ist seit 1. April 1997 nur noch die Höhe des erzielbaren Arbeitsentgelts ausschlaggebend. In den ersten 3 Monaten der Arbeitslosigkeit sind Beschäftigungen zumutbar, deren Entgelt nicht mehr als 20 % unter dem für die Bemessung des Alg maßgeblichen Arbeitsentgelts liegt. Vom 4. bis zum 6. Monat darf das Bemessungsentgelt um bis zu 30 % unterschritten werden. Danach sind alle Beschäftigungen zumutbar, deren Nettoarbeitsentgelt mindestens so hoch ist, wie das Alg. Einen Berufsschutz gibt es also nicht mehr!

3) Dauer des Alg-Anspruchs

212 Je nach der Dauer der in den letzten 3 Jahren zurückgelegten beitragspflichtigen Beschäftigung beläuft sich die Höchstanspruchsdauer zum Bezug von Alg nach wie vor auf 6 bis 12 Monate. Ältere Arbeitslose, die vor Eintritt der Arbeitslosigkeit entsprechend länger beitragspflichtig beschäftigt waren, können auch Alg bis zu 32 Monate beziehen. Die Staffelung beginnt jetzt aber mit der Vollendung des 45. Lebensjahres statt bisher mit dem 42. Lebensjahr. Entsprechend sind die weiteren Altersgrenzen um 3 Jahre auf das 47., das 52. bzw. das 57. Lebensjahr angehoben worden.

Übergangsregelung (§ 242x Abs. 3 AFG)

213 Arbeitnehmer, die innerhalb der letzten 3 Jahre vor Eintritt der Arbeitslosigkeit wenigstens 360 Kalendertage vor dem 1. April 1997 beitragspflichtig beschäftigt waren, werden von dieser Regelung nicht erfaßt. D. h., für alle "älteren Arbeitslose", die vor dem 1. April 1997 ununterbrochen gearbeitet haben, gilt die bisherige Rechtslage, wenn sie sich bis spätestens 6. April 1999 arbeitslos melden und die sonstigen Voraussetzungen zum Bezug von Alg erfüllen. Für Arbeitnehmer des Bergbaus, die bis zum 14. Februar 1941 geboren sind, gelten spezielle Übergangsvorschriften.

4) Anrechnung von Abfindungen

214 Finanzielle Leistungen, die wegen der Beendigung eines Arbeits- oder Beschäftigungsverhältnisses gezahlt werden (Entlassungsentschädigung), bewirken seit dem 1. April 1997 in jedem Fall eine Minderung des Alg-

Anspruchs. Lediglich ein bestimmter Prozentsatz, dessen Höhe von Lebensalter und der Betriebszugehörigkeit des Arbeitslosen abhängig ist, bleibt unberücksichtigt. Der anrechenbare Teil der Entschädigung wird auf die Hälfte des Alg angerechnet. Anders als bisher verbleibt dem Arbeitslosen also in jedem Fall so lange die Hälfte seines Alg, bis die zu berücksichtigende Abfindung (rechnerisch) verbraucht ist.

Der Freibetrag bestimmt sich wie folgt: 215

Alter unter 50 v. H.-Satz	Dauer des Beschäftigungsverhältnisses nach dem 45. Lebensjahr	Alter ab 50 v. H.-Satz
25	weniger als 5 Jahre	35
25	5 bis unter 10 Jahre	40
25	10 bis unter 15 Jahre	45
25	15 Jahre und mehr	50

Übergangsregelung (§ 242x Abs. 3 AFG)

Wie bei der Abspruchsdauer sind auch vor der stärkeren Berücksichtigung von Abfindungen diejenigen Arbeitslosen geschützt, die innerhalb der Rahmenfrist vor dem 1. April 1997 mindestens 360 Tage lang beitragspflichtig beschäftigt waren. Für die gelten noch (bis zur Arbeitslosmeldung vor dem 7. April 1999) die Anrechnungsvorschriften der §§ 117 und 117a i. V. m. § 119 AFG. 216

5) Auszahlung von Alg

Seit dem 1. Juli 1997 wird Alg (und auch die sonstigen Leistungen für den Lebensunterhalt, die nach dem AFG gewährt werden) nur noch monatlich nachträglich gezahlt. Wer am Stichtag bereits Alg bezieht, erhält die Leistung weiterhin in 14-tägigem Abstand. Sollte die monatliche Zahlweise zu Härten führen, was erfahrungsgemäß häufig der Fall sein dürfte, ist in § 242x Abs. 5 AFG zugelassen, Abschlagszahlungen zu leisten. 217

1. Anspruchsvoraussetzungen

Während durch Kaug ein unmittelbarer Entgeltanspruch erfüllt wird, ist die Zahlung von Alg eine direkte Leistung aus der Arbeitslosenversicherung. Aus diesem Grunde darf Alg nur demjenigen gewährt werden, der 218

II. Arbeitslosengeld

zu diesem Zweig der Sozialversicherung beitragspflichtig beschäftigt war. Anders als in der Kranken- und Rentenversicherung ist eine freiwillige Mitgliedschaft nicht möglich.

a) Beitragspflichtige Beschäftigung

219 Beitragspflicht zur Bundesanstalt für Arbeit besteht, wenn eine (natürliche) Person als Arbeiter oder Angestellter gegen Entgelt beschäftigt ist oder für einen Beruf ausgebildet wird (§ 168 AFG). Alle zusammen gelten als Arbeitnehmer.

220 Voraussetzung für die Beitragspflicht zur Bundesanstalt für Arbeit ist also

(1) eine Beschäftigung,

(2) die Arbeitnehmereigenschaft sowie

(3) bei Arbeitern und Angestellten die Vergütung.

Zu (1):

221 Eine Beschäftigung liegt vor, wenn jemand bereit ist, für einen Dritten gegen Entgelt eine von diesem bestimmte Arbeit zu verrichten, der seinerseits bereit ist, dafür eine Vergütung zu zahlen.

Zu (2):

222 Die Arbeitnehmereigenschaft ist gegeben, wenn der Beschäftigte freiwillig in persönlicher Abhängigkeit eine fremdbestimmte Arbeit für einen Dritten (grundsätzlich) gegen Entgelt verrichtet.

223 Dem Dritten muß ein Direktionsrecht zustehen, er muß also dem Beschäftigten Weisungen zur Arbeitszeit, zum Arbeitsort und zur Art der Durchführung der Arbeit erteilen können.

Der Beschäftigte muß letztlich in einem Betrieb eingegliedert sein.

Zu (3):

224 Zur Arbeitnehmer-Eigenschaft und der Beschäftigung muß bei Arbeitern und Angestellten unbedingt die tatsächliche Entgeltlichkeit hinzukommen. Dabei ist als Entgelt jede Gegenleistung für die verrichtete Arbeit anzusehen, soweit sie für den Arbeitnehmer einen geldwerten Vorteil darstellt (§ 14 (1) SGB IV).

1. Anspruchsvoraussetzungen

Wesentlich für die Beurteilung der Beitragspflicht sind nicht die vertraglichen Regelungen, sondern die tatsächlichen Verhältnisse der Beschäftigten. Weichen sie von den vertraglichen Vereinbarungen ab, sind nur sie zu beachten. Die Beitragspflicht kann also vertraglich weder geschaffen noch ausgeschlossen werden. **225**

Der Geschäftsführer einer Gesellschaft, der gleichzeitig Gesellschafter ist und die Geschicke des Unternehmens maßgeblich beeinflussen kann, ist daher trotz bestehenden Arbeitsvertrages nicht beitragspflichtig zur Bundesanstalt für Arbeit beschäftigt. **226**

> BSG, Urt. v. 9. 2. 1995 - 7 RKr 76/94,
> Dbl R der BA Nr. 4201 zu § 168 AFG.

Ebenso sind Personen, die auf der Basis eines "Werkvertrages" eingesetzt werden, tatsächlich aber wie eigene Arbeitnehmer eines Betriebes tätig werden, Arbeitnehmer dieses Unternehmens, weil sie (in der Regel) unerlaubt überlassen worden und daher Arbeitnehmer des Entleihers sind (§ 10 AÜG). **227**

Trotz bestehender Beschäftigung i. S. v. § 168 AFG (ab 1. 1. 1998 - § 25 SGB III) sind zahlreiche Arbeitnehmer von der Beitragspflicht zur Bundesanstalt für Arbeit befreit. Dabei wird in zwei Gruppen unterschieden: **228**

(1) Diejenigen, welche nach dem Sozialgesetzbuch, Fünftes Buch (SGB V) von der Krankenversicherungspflicht ausgenommen sind (§ 169 AFG/§ 27 SGB III) und

(2) jene, die speziell von der Beitragspflicht zur Bundesanstalt für Arbeit befreit sind (§§ 169a - d AFG/§§ 27 und 28 SGB III).

Zu (1):
Zwischen der Kranken- und Arbeitslosenversicherung soll hinsichtlich des beitragspflichtigen Personenkreises weitgehend Übereinstimmung erreicht werden. Wer in die Krankenversicherung nicht einbezogen ist, soll auch der Pflicht zur Arbeitslosenversicherung nicht unterliegen. **229**

Von diesem Grundsatz betroffen sind nach § 169 AFG i. V. m. § 6 Abs. 1 Nr. 2, 4, 5 oder 7 SGB V (§ 27 SGB III) **230**

- Beamte, Richter, Soldaten auf Zeit sowie Berufssoldaten der Bundeswehr und sonstige Beschäftigte des Bundes eines Landes, eines

49

II. Arbeitslosengeld

Gemeindeverbandes, einer Gemeinde, von öffentlich-rechtlichen Körperschaften, Anstalten, Stiftungen oder Verbänden öffentlich-rechtlicher Körperschaften, oder

- Geistliche der als öffentlich-rechtliche Körperschaften anerkannten Religionsgemeinschaften, wenn sie bei Krankheit wie Beamte Anspruch auf Fortzahlung der Bezüge und Anspruch auf Beihilfe haben,

- Lehrer, die an privaten genehmigten Ersatzschulen hauptamtlich beschäftigt sind, wenn sie nach beamtenrechtlichen Vorschriften oder Grundsätzen bei Krankheit Anspruch auf Fortzahlung der Bezüge und auf Beihilfe haben,

- satzungsgemäße Mitglieder geistlicher Genossenschaften und ähnliche Personen, wenn sie sich aus überwiegend religiösen oder sittlichen Beweggründen mit gemeinnützigen Tätigkeiten beschäftigen und nur geringes Entgelt beziehen

  sowie

- Mitglieder des Vorstandes einer Aktiengesellschaft, wenn sie dem Vorstand angehören.

Zu (2):

231 Bei dem 2. Personenkreis wird zum Teil eine Absicherung in der Krankenversicherung für erforderlich gehalten. Eine Mitgliedschaft in der Arbeitslosenversicherung erscheint jedoch nicht notwendig. Es handelt sich hierbei in erster Linie um Arbeitnehmer, deren Lebensunterhalt anderweitig sichergestellt ist bzw. die regelmäßig nicht oder noch nicht auf Arbeitseinkommen angewiesen sind.

232 Nach § 169a AFG sind beitragsfrei

- Arbeitnehmer, die regelmäßig weniger als 18 Stunden wöchentlich arbeiten (mehrere nebeneinander ausgeübte Beschäftigungen werden **nicht** zusammengerechnet),

  und

- Arbeitnehmer, die nur geringfügig i. S. v. § 8 Abs. 1 Nr. 2 SGB IV beschäftigt sind. Eine Beschäftigung dieser Art liegt vor, wenn eine Person innerhalb eines Jahres (das mit Aufnahme der Beschäftigung beginnt) längstens 2 Monate oder 50 Arbeitstage als

1. Anspruchsvoraussetzungen

Arbeitnehmer tätig ist. Dies gilt allerdings nur, wenn in dieser Weise nicht berufsmäßig gearbeitet wird und das Entgelt 1/7 der monatlichen Bezugsgröße gemäß § 18 SGB IV nicht übersteigt. Mehrere geringfügige Beschäftigungen werden zusammengerechnet.

Nach § 27 SGB III sind ab 1. Januar 1997 nur noch geringfügige Beschäftigungen versicherungsfrei. Die Kurzzeitigkeitsgrenze der Arbeitslosenversicherung gibt es dann nicht mehr.

Gemäß § 169b AFG (§ 27 Abs. 4 SGB III) von der Beitragspflicht der Bundesanstalt (Versicherungspflicht) befreit sind Arbeitnehmer, **233**

- solange sie eine allgemeinbildende Schule besuchen. Neben den Schülern an Volks- bzw. Realschulen oder Gymnasien sind auch alle anderen Schüler zu berücksichtigen, die Schulen besuchen, welche zu einem staatlich anerkannten Abschluß führen (nicht jedoch Schüler an Abendgymnasien bzw. Abendrealschulen - vgl. Satz 2, aaO);

- solange sie als Studenten oder Fachschüler eine Ausbildung absolvieren. Dabei kommt es in erster Linie darauf an, welche Tätigkeit überwiegt, was das Erscheinungsbild des Arbeitnehmers bzw. des Studenten bestimmt. Eine verbindliche zeitliche Abgrenzung läßt sich nicht ziehen. Eine mehr als halbschichtige Beschäftigung als Arbeitnehmer, die auch in die Vorlesungszeit hineinreicht, spricht aber für Arbeitnehmereigenschaft.

    BSG, Urt. v. 23. 2. 1988 - 12 RK 36/87,
    SozR 2200 § 172 Nr. 20.

Nach § 169c AFG (§ 27 Abs. 3 und § 28 SGB III) beitragsfrei sind **234**

- Arbeitnehmer nach vollendetem 65. Lebensjahr,

- Bezieher von Renten wegen Erwerbsunfähigkeit,

- Arbeitnehmer, die aus gesundheitlichen Gründen nicht unter den üblichen Bedingungen des allgemeinen Arbeitsmarktes tätig werden können, wenn der zuständige Rentenversicherungsträger Berufs- oder Erwerbsunfähigkeit festgestellt hat,

- Arbeitnehmer in unständigen Beschäftigungen (Gelegenheitsarbeiter),

II. Arbeitslosengeld

- Heimarbeiter, die gleichzeitig Zwischenmeister sind und den überwiegenden Teil ihres Verdienstes aus ihrer Tätigkeit als Zwischenmeister beziehen,
- Ausländer, die zu ihrer beruflichen Aus- oder Fortbildung beschäftigt werden, wenn weitere Umstände erfüllt sind (in der Regel Arbeitnehmer, die sich auf Grund besonderer Vereinbarungen zur Ausbildung in Deutschland aufhalten und sich verpflichtet haben, danach in ihr Heimatland zurückzukehren).

b) Persönliche Voraussetzungen für den Bezug von Arbeitslosengeld

235 Alg kann nur erhalten, wer gleichzeitig fünf Voraussetzungen erfüllt:

(1) Es muß Arbeitslosigkeit vorliegen;

(2) Der Arbeitslose muß arbeiten können, dürfen und wollen sowie täglich erreichbar sein;

(3) Er muß in der näheren Vergangenheit eine bestimmte Zeit lang beitragspflichtig zur Bundesanstalt für Arbeit beschäftigt gewesen sein;

(4) Er muß sich persönlich arbeitslos gemeldet und

(5) Alg beantragt haben.

236 Ab 1. Januar 1998 entfallen die bis dahin geltenden Voraussetzungen nach Nr. 2 und nach Nr. 5 (§ 117 SGB III).

aa) Arbeitslosigkeit

237 Nach § 101 i. V. m. § 102 AFG ist arbeitslos, wer als Arbeitnehmer vorübergehend nicht in einem Beschäftigungsverhältnis steht oder nur eine kurzzeitige Beschäftigung ausübt.

238 Die Arbeitnehmereigenschaft ist unproblematisch bei Personen, die in der Vergangenheit abhängig beschäftigt waren und erklären, auch künftig derart tätig werden zu wollen. Außer diesen ist auch arbeitslos i. S. v. § 101 AFG, wer im Zeitpunkt der Vorsprache beim Arbeitsamt und danach für einen Zeitraum, für den üblicherweise Beschäftigungsverhältnisse eingegangen werden, abhängig arbeiten will.

1. Anspruchsvoraussetzungen

BSG, Urt. v. 21. 4. 1961 - 7 RAr 40/59,
BSGE 14, 164
und
BSG, Urt. v. 18. 2. 1964 - 11/1 RAr 239/60,
BSGE 20, 169.

Die angestrebte Beschäftigung muß jedoch mehr als kurzzeitig sein. Nur **239**
dann kann die Arbeitslosigkeit beendet und davon ausgegangen werden,
daß sie vorübergehend ist.

Wesentliche Voraussetzungen für die Anerkennung von Arbeitslosigkeit **240**
ist, daß der Antragsteller nicht in einem Beschäftigungsverhältnis steht.
Ob ein Arbeitsverhältnis besteht, ist unerheblich.

Ein Beschäftigungsverhältnis besteht dann nicht (mehr), wenn der Arbeit- **241**
geber die Verfügungsgewalt über den Arbeitnehmer nicht (mehr) beansprucht oder der Arbeitnehmer sie nicht mehr anerkennt. Ob das Arbeitsverhältnis rechtlich weiterbesteht und eine Vergütung beansprucht werden
kann oder gewährt wird, ist nicht entscheidend. Auch die nachträgliche
arbeitsgerichtliche Feststellung, daß ein Arbeitsverhältnis über den Zeitpunkt der Entlassung hinaus bestanden hat, ändert nichts an der faktischen
Arbeitslosigkeit.

BSG, Urt. v. 4. 9. 1979 - 7 RAr 51/78,
Dbl R der BA Nr. 2547 zu § 104 AFG.

Hat ein Arbeitnehmer in mehreren Beschäftigungsverhältnissen gestan- **242**
den, ist er dann arbeitslos, wenn er so viele Beschäftigungsverhältnisse
verloren hat, daß die verbleibende Beschäftigung i. S. v. § 102 AFG
kurzzeitig ist. Das gleiche gilt, wenn der Arbeitslose nach völliger Er-
werbslosigkeit eine oder mehrere Beschäftigungen aufnimmt, die zusammen die Grenze der Kurzzeitigkeit i. S. v. § 102 AFG nicht erreichen.

Eine Beschäftigung ist kurzzeitig i. S. v. § 102 AFG, wenn die Arbeits- **243**
kraft (einschließlich Vor- und Nacharbeit) weniger als 18 Stunden pro
Woche in Anspruch genommen wird. Gelegentliche Abweichungen von
geringer Dauer bleiben dabei unberücksichtigt.

Die Übernahme einer selbständigen Tätigkeit oder die Mithilfe in einem **244**
Familienbetrieb beeinflußt die Arbeitslosigkeit in gleicher Weise. Sobald
18 Stunden oder mehr gearbeitet wird, ist die Arbeitslosigkeit beendet.
Der Verdienst aus der Beschäftigung/Tätigkeit ist allerdings ohne Bedeutung. Bei selbständiger oder mithelfender Arbeit erlaubt es allenfalls
einen Rückschluß auf den vermutlichen Umfang der Arbeitsleistung.

II. Arbeitslosengeld

245 Im SGB III (§ 118) wird die Arbeitslosigkeit grundlegend neu definiert. Zu der vorübergehenden Beschäftigungslosigkeit, tritt das Erfordernis der Beschäftigungssuche hinzu. Hinter dieser Anspruchsvoraussetzung verbirgt sich im wesentlichen die bis 31. Dezember 1997 geltende "Verfügbarkeit für die Arbeitsvermittlung" (§ 103 AFG). Wie nach dieser Bestimmung muß der Arbeitslose bereit und in der Lage sein, alle Möglichkeiten zur Beendigung der Arbeitslosigkeit zu nutzen. Was zumutbar ist, richtet sich in erster Linie nach dem in der künftigen Beschäftigung erzielbaren Entgelt. Einen Berufsschutz, wie er bis 31. Dezember 1997 in Berufsgruppen besteht, wird es nicht mehr geben.

bb) Verfügbarkeit für die Arbeitsvermittlung
(1) Objektive Arbeitsbereitschaft

246 Um Alg erhalten zu können, muß der Arbeitslose objektiv in der Lage sein, die Arbeitslosigkeit zeitnah zu beenden. Er muß also länger als kurzzeitig arbeiten können. Familiäre oder gesundheitliche Umstände stehen dem gelegentlich entgegen. Außerdem muß er arbeiten dürfen, was z. B. bei Asylsuchenden oder Frauen unmittelbar nach der Geburt eines Kindes nicht (immer) der Fall ist. Problematisch ist auch, ob ein Arbeitsloser, der noch in einem Arbeitsverhältnis steht, anderweitig arbeiten darf, ob also Verfügbarkeit anerkannt werden kann. In der Regel wird es hier darauf ankommen, ob die Parteien des Arbeitsvertrages bereit sind, das Vertragsverhältnis einvernehmlich zu beenden, falls eine neue Beschäftigungsmöglichkeit gefunden wird.

247 Abstrakte Leistungsfähigkeit genügt nicht, um Verfügbarkeit i. S. v. § 103 AFG anzuerkennen. Der Arbeitslose muß nach den Gesamtumständen seiner Lebenssituation sein Leistungsvermögen umsetzen können. Kommt er z. B. ausschließlich für Tätigkeiten in Betracht, die es nur in Teilen des Bundesgebietes gibt, ist sein Aufenthalt aber aus objektiven Gründen auf ein anderes Gebiet beschränkt, kann er trotz absoluter Arbeitsbereitschaft diese Tätigkeit nicht ausüben und steht der Arbeitsvermittlung nicht zur Verfügung.

BSG, Urt. v. 5. 5. 1970 - 7 RAr 65/68,
Breithaupt 1970, 1041
und
BSG, Urt. v. 15. 7. 1971 - 7 RAr 60/68,
Dbl R der BA Nr. 1671 zu § 76 AVAVG.

1. Anspruchsvoraussetzungen

Schließlich muß der Arbeitslose zu Bedingungen arbeiten können bzw. dürfen, die auf dem allgemeinen Arbeitsmarkt üblich sind. Dies ist der Fall, wenn nicht nur in Einzel- oder Ausnahmefällen, sondern in nennenswertem Umfang zu den ihm möglichen Umständen auf dem allgemeinen Arbeitsmarkt gearbeitet wird. **248**

BSG, Urt. v. 5. 5. 1970 - 7 RAr 65/68,
Breithaupt 1970, 1041.

Ob diese Arbeitsplätze besetzt oder frei sind, ist dabei unerheblich. **249**

BSG, Urt. v. 19. 6. 1979 - 7 RAr 12/78,
SozR 4100 § 103 Nr. 23.

Der "allgemeine Arbeitsmarkt" umfaßt räumlich grundsätzlich den gesamten Geltungsbereich des AFG und fachlich alle Arbeitnehmertätigkeiten, für die der Arbeitslose objektiv in Betracht kommt. Ist er aber nur in der Lage, innerhalb eines bestimmten Bezirkes zu arbeiten, so gilt für ihn dieser Bezirk als der allgemeine Arbeitsmarkt. **250**

BSG, Urt. v. 19. 12. 1973 - 7 RAr 10/72,
Dbl R der BA Nr. 1781 zu § 103 AFG.

Durch das Haushaltstrukturgesetz - AFG vom 18. Dezember 1975 - wurde in § 103 Abs. 1 Satz 1 AFG ausdrücklich festgehalten, daß es sich um zumutbare Beschäftigungen handeln muß, die der Arbeitslose ausüben kann und darf. Was dem Einzelnen zugemutet werden kann, ist in der gemäß § 103 Abs. 5 AFG erlassenen Zumutbarkeits-Anordnung festgehalten. **251**

Die Zumutbarkeits-Anordnung des Verwaltungsrates der Bundesanstalt für Arbeit vom 16. März 1982 (Amtliche Nachrichten der Bundesanstalt für Arbeit 1982, S. 523) geht davon aus, daß es gemeinsamer Anstrengungen der Arbeitgeber, der Arbeitnehmer und der Verwaltung bedarf, um die Probleme auf dem Arbeitsmarkt zu überwinden. Die berechtigten Interessen des einzelnen Arbeitslosen sind dabei gebührend zu berücksichtigen. Insbesondere gilt dies für seine berufliche Qualifikation sowie seine familiären und sonstigen individuellen Verhältnisse. Diese sind abzuwägen mit der Lage und Entwicklung des für den Einzelnen in Betracht kommenden Arbeitsmarktes und den dort geltenden wirtschaftlichen, strukturellen und sozialen Bedingungen. Unter Umständen kann von einem Arbeitslosen verlangt werden, **252**

II. Arbeitslosengeld

- seinen Beruf zu wechseln, auch wenn die Qualifikation der künftigen Beschäftigung niedriger ist als die frühere,
- an einem weiter entfernt liegenden Ort als bisher eine Beschäftigung aufzunehmen oder
- eine Beschäftigung zu übernehmen, deren Dauer, Lage oder Verteilung der Arbeitszeit anders ist als bisher.

253 Unter Berücksichtigung dieser Grundsätze enthält die Zumutbarkeits-AO Regelungen zur

- Dauer der Fahrzeit zum Arbeitsplatz,
- Notwendigkeit, eine Beschäftigung außerhalb des Tagespendelbereiches zu übernehmen,
- Relation Arbeitslosengeld/künftiges Nettoarbeitsentgelt,
- Arbeitsbereitschaft bei gleichzeitiger Versorgung eines Haushaltes.

254 Beschäftigungen zu gesetz- oder tarifwidrigen Bedingungen sind absolut unzumutbar.

255 Der Umfang dessen, was einem Arbeitslosen zur Beendigung der Arbeitslosigkeit zugemutet werden darf, ist weitgehend von der Dauer der Arbeitslosigkeit abhängig. Während der ersten Phase, die in der Regel 4 bis 6 Monate umfaßt, wird dem Arbeitslosen zugebilligt, daß er seine Arbeitsbereitschaft auf Tätigkeiten begrenzt, die in seinem Beruf üblich sind. Das erzielbare Arbeitsentgelt darf dabei 80 % des Verdienstes nicht unterschreiten, der zur Bemessung des Alg herangezogen worden ist.

256 Konnte die Arbeitslosigkeit während dieser Phase nicht beendet werden, kann dem Arbeitslosen zugemutet werden, eine Beschäftigung der nächst niedrigen Qualifikationsstufe zu übernehmen. Dazu sind fünf Qualifikationsstufen gebildet worden und zwar Berufe mit einer

(1) Hochschul- und Fachhochschulausbildung,
(2) Aufstiegsfortbildung auf einer Fachschule oder in einer vergleichbaren Einrichtung,
(3) Ausbildung in einem Ausbildungsberuf,
(4) Anlernausbildung sowie
(5) alle übrigen Beschäftigungen.

1. Anspruchsvoraussetzungen

Die für eine "Herabstufung" ausschlaggebenden Umstände müssen durch angemessene Vermittlungsbemühungen innerhalb der jeweiligen Qualifikationsstufe festgestellt worden sein. Die dabei zutage getretenen Fakten sind mit dem Arbeitslosen zu erörtern. Erst danach sind Arbeitsplätze mit niedrigerer Qualifikation zumutbar. 257

(2) Subjektive Arbeitsbereitschaft

Um i. S. v. § 103 AFG verfügbar zu sein, muß der Arbeitslose in dem Umfang arbeitsbereit sein, wie er es objektiv kann und darf. Eine Ausnahme hiervon gilt übergangsweise (bis 31. Dezember 2000) für Arbeitslose, die das 58. Lebensjahr vollendet haben, unter den in § 105c AFG genannten Voraussetzungen. Jüngere Arbeitslose dürfen sich in ihrer Arbeitsbereitschaft nicht auf einen Teil ihrer Möglichkeiten oder auf eine bestimmte Tätigkeit beschränken (etwa als Krankenschwester). 258

> Hessisches LSG, Urt. v. 25. 10. 1972
> - L 1 AR 397/72,
> Dbl R der BA Nr. 1702 zu § 103 AFG.

Dies gilt auch für den Umfang der täglichen oder wöchentlichen Arbeitszeit, es sei denn, daß ein Arbeitsloser wegen tatsächlicher oder rechtlicher Bindungen objektiv nur eine Teilzeitbeschäftigung ausüben kann (z. B. wegen Versorgung minderjähriger Kinder). 259

In vielen Fällen scheitert eine geplante Arbeitsaufnahme an der mangelnden beruflichen Qualifikation des Bewerbers. Deshalb wird verlangt, daß Arbeitslose bereit sind, an Maßnahmen zur beruflichen Ausbildung, Fortbildung und Umschulung sowie zur beruflichen Rehabilitation teilzunehmen, wenn objektive Gründe nicht entgegenstehen. Dies ist sehr selten der Fall, weil grundsätzlich erwartet werden kann, daß ein Arbeitsloser bereit ist, seine Kenntnisse zu erweitern bzw. zu erhalten. 260

(3) Residenzpflicht

Im allgemeinen verändern sich die Verhältnisse auf dem Arbeitsmarkt nicht plötzlich. Gelegentlich ergeben sich aber Situationen, in denen Arbeitgeber kurzfristig Arbeitskräfte einstellen wollen. Um derartigen Anlässen genügen zu können, ist durch das 5. AFG-Änderungsgesetz vom 23. Juli 1979 in § 103 AFG aufgenommen worden, daß der Arbeitslose grundsätzlich für das Arbeitsamt erreichbar und in der Lage sein muß, 261

II. Arbeitslosengeld

das Arbeitsamt täglich aufzusuchen. Das Nähere, einschließlich der Voraussetzungen für eine leistungsunschädliche vorübergehende Ortsabwesenheit, ist in der Aufenthalts-Anordnung vom 3. Oktober 1979 geregelt (Amtliche Nachrichten der Bundesanstalt für Arbeit 1982, S. 523).

262 Die Aufenthalts-Anordnung verlangt, daß sich der Arbeitslose während der Zeit, in der üblicherweise Post zugestellt wird, an der dem Arbeitsamt angegebenen Anschrift aufhält. Dabei muß es sich nicht um seinen Wohnsitz oder gewöhnlichen Aufenthaltsort handeln. Innerhalb des sogenannten "Nahbereiches" kann er sich an jedem beliebigen Ort aufhalten, wenn er das Arbeitsamt in Kenntnis setzt und die Grundvoraussetzung der täglichen Erreichbarkeit bestehen bleibt. Die Information muß aber von ihm ausgehen.

>BSG, Urt. v. 29. 11. 1989 - 7 RAr 138/88,
>SozR 4100 § 103 Nr. 47.

263 Dies gilt auch für Arbeitslose, die unter den erleichterten Voraussetzungen des § 105c AFG Alg beziehen.

>BSG, Urt. v. 14. 3. 1996 - 7 RAr 38/95,
>NZA 1996, 534.

264 Mit vorheriger Zustimmung des Arbeitsamtes kann sich der Arbeitslose innerhalb eines Jahres auch weit von seinem Wohnsitz entfernt aufhalten, ohne seinen Leistungsanspruch zu verlieren. Voraussetzung dafür ist, daß die Ortsabwesenheit (in der Regel Urlaub) 3 Wochen im Jahr nicht übersteigt und während dieser Zeit nicht mit einer Vermittlung in Arbeit oder in eine berufliche Ausbildungsstelle bzw. der Teilnahme an einer beruflichen Bildungsmaßnahme zu rechnen ist. Dauert der auswärtige Aufenthalt zusammenhängend oder insgesamt während eines Jahres voraussichtlich länger als 3 Wochen, kann für die übersteigende Zeit Verfügbarkeit nicht anerkannt werden. Soll die Ortsabwesenheit zusammenhängend länger als 6 Wochen dauern, wird Verfügbarkeit von Anfang an verneint.

265 Außer der "unbegründeten" Ortsabwesenheit wird Arbeitslosen darüber hinaus zugestanden, einmal pro Jahr zur Teilnahme an Bildungsveranstaltungen oder an Veranstaltungen, die öffentlichen Interessen dienen, den Nahbereich zu verlassen. Dies gilt auch, wenn der Arbeitslose an einer ärztlich verordneten Kur teilnimmt. Zu beachten ist dabei, daß auch diesbezüglich der auswärtige Aufenthalt zusammenhängend 6 Wochen nicht übersteigen darf.

1. Anspruchsvoraussetzungen

Arbeitslose, die das 58. Lebensjahr vollendet haben, können bis 31. Dezember 2000 jährlich bis zu 17 Wochen den Nahbereich verlassen, ohne dadurch den Leistungsanspruch zu verlieren. Auch sie müssen hierfür jedoch vorher die Zustimmung des Arbeitsamtes einholen. **266**

cc) Anwartschaftszeit
(1) Beitragspflichtige Beschäftigung

Die versicherungsmäßige Voraussetzung für den Anspruch auf Alg ist die Anwartschaftszeit. Dadurch soll sichergestellt werden, daß der Antragsteller eine bestimmte Mindestzeit der Versichertengemeinschaft angehört hat. Gleichzeitig können daraus Feststellungen für das Bestehen der Arbeitslosigkeit und der Verfügbarkeit getroffen werden. **267**

Seit Januar 1982 (5. AFG-Konsolidierungsgesetz) ist die Anwartschaftszeit erfüllt, wenn innerhalb eines bestimmten Zeitraumes, der **Rahmenfrist**, 360 Kalendertage lang beitragspflichtige Beschäftigung ausgeübt worden ist. Bei Saisonarbeitern gilt eine Sonderregelung. Bei ihnen genügt eine Beschäftigungszeit von 180 Kalendertagen, um die Anwartschaftszeit zu erfüllen. **268**

Unter Berücksichtigung des Versicherungsprinzips können zur Begründung der Anwartschaftszeit grundsätzlich nur Zeiten mit Beitragsleistungen herangezogen werden. Beiträge, die entrichtet worden sind, ohne daß Beitragspflicht zur Bundesanstalt für Arbeit bestanden hat, bleiben allerdings außer Betracht. **269**

> BSG, Urt. v. 6. 2. 1992 - 7 RAr 134/90,
> BSGE 70, 81.

Selbst eine langjährige ungerechtfertigte Beitragszahlung kann - auch aus dem Aspekt der Verwirkung - zu keinem anderen Ergebnis führen. **270**

> BSG, Urt. v. 19. 6. 1980 - 7 RAr 14/79,
> Dbl R der BA Nr. 2652 zu § 104 AFG.

Innerhalb eines beitragspflichtigen Beschäftigungsverhältnisses liegende Zeiten ohne Entgeltzahlung sind anwartschaftsbegründend, wenn sie jeweils 4 Wochen nicht übersteigen. Wird die Zeitspanne überschritten, bleibt die gesamte Zeit außer Betracht. Normale arbeitsfreie Tage eines bezahlten Beschäftigungsverhältnisses sind bei Berechnung der Anwartschaftszeit mitzuzählen (z. B. Samstage und Sonntage). Ebenso allge- **271**

II. Arbeitslosengeld

meine arbeitsfreie Zeiten, für die Arbeitsentgelt gewährt wird (z. B. bezahlte Urlaubs- und Krankheitszeiten). Auch Zeiten, für die Arbeitsentgelt geschuldet wird, aber noch nicht gezahlt ist, begründen die Anwartschaft zum Alg-Bezug. Ob der Entgeltanspruch etwa durch Kaug erfüllt wird, ist unerheblich.

> BSG, aaO.

272 Die Rahmenfrist beträgt 3 Jahre. Sie reicht nicht in eine vorher maßgebende Rahmenfrist hinein. In diesem Fall ist sie kürzer als 3 Jahre. Die Rahmenfrist geht dem ersten Tag der Arbeitslosigkeit unmittelbar voraus, wenn die anderen in § 100 (1) AFG genannten Voraussetzungen erfüllt sind. Liegt eine dieser Voraussetzungen, etwa die persönliche Arbeitslosmeldung, erst an einem späteren Tag vor, so geht die Rahmenfrist erst diesem Tag voraus.

> BSG, Urt. v. 22. 7. 1982 - 7 RAr 115/81,
> SozR 1500 § 93 Nr. 1
> und
> BSG, Urt. v. 9. 12. 1982 - 7 RAr 35/82,
> Dbl R der BA Nr. 2819 zu § 15 AFG.

273 Wird aber die Arbeitslosmeldung (und damit die Antragstellung) gemäß § 105 (2) AFG auf einen früheren Tag fingiert, ist die Rahmenfrist entsprechend festzusetzen.

(2) Gleichgestellte Zeiten

274 Zahlreiche Personengruppen sind aus verschiedenen Gründen nicht in der Lage, innerhalb der Rahmenfrist beitragspflichtig tätig zu werden. Zum Teil sind dafür staatsbürgerliche, soziale oder politische Gründe ausschlaggebend. Weil daraus dem Einzelnen keine Nachteile erwachsen sollen, sind in § 107 AFG bestimmte Zeiten einer beitragspflichtigen Beschäftigung gleichgestellt. Es handelt sich dabei insbesondere um Zeiten

- des gesetzlichen Wehr- oder Ersatzdienstes,

- des Bezugs von Krankengeld oder einer ähnlichen Leistung bei einem Unternehmen der privaten Krankenversicherung,

- des Bezugs von Sonderunterstützung nach dem Mutterschutzgesetz oder von Mutterschaftsgeld, wenn durch die Schwangerschaft oder Mutterschaft eine beitragspflichtige Beschäftigung oder der Bezug

1. Anspruchsvoraussetzungen

einer laufenden Lohnersatzleistung nach dem AFG unterbrochen worden ist,

- des Bezugs von Erziehungsgeld oder einer entsprechenden Leistung der Länder, wenn durch die Betreuung und Erziehung eines Kindes eine beitragspflichtige Beschäftigung oder der Bezug einer laufenden Leistung nach dem AFG unterbrochen worden ist,
- des Bezugs von Unterhaltsgeldes oder Übergangsgeldes nach dem AFG,
- in denen der Arbeitslose als Gefangener beitragspflichtig zur Bundesanstalt für Arbeit war.

Die für die Erfüllung der Anwartschaftszeit notwendige beitragspflichtige Beschäftigung bestimmt sich künftig nicht mehr nach Kalendertagen, sondern nach Monaten. Die Rahmenfrist verlängert sich um Zeiten **275**

a) der Pflege von Angehörigen,

b) der Betreuung von Kindern des Arbeitslosen, die noch nicht 3 Jahre alt sind,

c) einer selbständigen Tätigkeit,

d) sowie des Bezuges von Unterhaltsgeld oder von Übergangsgeld.

Im Falle von c) und d) endet die Frist spätestens nach 5 Jahren.

Die nach § 107 AFG mit einer beitragspflichtigen Beschäftigung gleichgestellten Tatbestände entfallen. **276**

(dd) Arbeitslosmeldung

Alg soll nach § 5 AFG nur gezahlt werden, wenn eine berufliche Ausbildungsstelle oder Arbeit nicht vermittelt werden kann. Um diesem Grundsatz genügen zu können, muß die persönliche Kontaktaufnahme zwischen Arbeitslosem und dem zuständigen Arbeitsamt (§ 129 AFG) stattfinden. Aus diesem Grund wird von dem Arbeitslosen verlangt, daß er die Tatsache der Arbeitslosigkeit persönlich anzeigt. Eine schriftliche oder fernmündliche Meldung genügt nicht. **277**

BSG, Urt. v. 21. 7. 1977 - 7 RAr 38/76, SozR 4100 § 103 Nr. 8.

II. Arbeitslosengeld

278 Kann sich der Arbeitslose am ersten Tag der Arbeitslosigkeit nicht arbeitslos melden, weil das zuständige Arbeitsamt nicht dienstbereit ist (z. B. Samstag oder Feiertag), gilt die Meldung als am ersten Tag erfolgt, wenn die Vorsprache am frühest möglichen nächsten Tag vorgenommen wird.

279 Die Arbeitslosigkeit gilt so lange, wie die angezeigte Tatsache besteht. Ihre Wirksamkeit wird nur durch Änderung der Verhältnisse, etwa durch Arbeitsaufnahme, beendet. Tritt zu einem späteren Zeitpunkt erneut Arbeitslosigkeit ein, muß dies von neuem persönlich angezeigt werden, um wieder Alg erhalten zu können. Unterbleibt dies, wird das seit Wegfall der Arbeitslosigkeit eventuell gezahlte Alg zurückgefordert.

BSG, Urt. v. 14. 12. 1995 - 11 RAr 75/95,
SozR 3-4100 § 105 Nr. 2.

280 Auch nach dem 31. Dezember 1997 muß die Arbeitslosigkeit beim zuständigen Arbeitsamt persönlich angezeigt werden. Die Meldung wirkt längstens 3 Monate, wenn sie nicht zuvor unaufgefordert erneuert wird. Bei einer Unterbrechung der Arbeitslosigkeit, etwa bei Aufnahme einer mehr als geringfügigen Beschäftigung, wirkt die Arbeitslosmeldung bis zu 6 Wochen fort. Voraussetzung dafür ist aber, daß die Arbeitsaufnahme dem Arbeitsamt unverzüglich mitgeteilt wird. Ist dies nicht der Fall, endet die Wirkung der Arbeitslosmeldung mit Aufnahme der Beschäftigung.

(ee) Antragstellung

281 Ebenso wie die Arbeitslosmeldung ist auch die Beantragung von Alg materiellrechtliche Voraussetzung für den Anspruch auf Alg. Eine bestimmte Form ist nach § 16 SGB I nicht vorgeschrieben. Ein Antrag liegt bereits vor, wenn der Arbeitslose in einfachster Form zu erkennen gibt, daß er wegen der bestehenden Arbeitslosigkeit eine finanzielle Unterstützung begehrt. Die Vorlage der förmlichen Antragsunterlagen dient nur der Glaubhaftmachung des Anspruchs. Als Willenserklärung kann der Antrag jederzeit zurückgenommen werden, solange über ihn nicht entschieden ist.

BSG, Urt. v. 17. 4. 1986 - 7 RAr 81/84,
NZA 1987, 68.

282 Außer bei einem Arbeitsamt kann Alg auch bei anderen Sozialleistungsträgern oder Gemeindeverwaltungen oder im Ausland bei einer amtlichen

Vertretung der Bundesrepublik Deutschland rechtswirksam beantragt werden. Wegen der für den Leistungsanspruch erforderlichen persönlichen Arbeitslosmeldung beim zuständigen Arbeitsamt ist dies letztlich aber ohne Bedeutung.

Wie die Arbeitslosmeldung wirkt gemäß § 105 Satz 2 AFG auch die Antragstellung zurück, wenn das Arbeitsamt am ersten Tag nicht dienstbereit ist. **283**

Der Antrag auf Alg ist ab 1. Januar 1998 nicht mehr materiellrechtliche Voraussetzung für den Anspruch auf die Leistung. Es handelt sich nur noch um eine Verfahrensvorschrift. Der Antrag gilt in der Regel mit der Arbeitslosmeldung als gestellt (§ 323 Abs. 1 SGB III). **284**

2. Umfang des Anspruchs

Sowohl die zeitliche Dauer als auch die finanzielle Höhe des Anspruchs auf Alg richtet sich nach dem Umfang der in der näheren Vergangenheit zurückgelegten versicherungspflichtigen Beschäftigungszeiten. Für die Anspruchsdauer sind die Verhältnisse der letzten 7 Jahre zu berücksichtigen. Die Höhe der zu zahlenden Leistungen richtet sich nach dem Nettoentgelt der letzten Lohnabrechnungszeiträume, die wenigstens 100 Tage mit Anspruch auf Arbeitsentgelt beinhalten. **285**

a) Anspruchsdauer

In den gesetzlichen Bestimmungen zur Anspruchsdauer (§ 106 AFG) kommt das Versicherungsprinzip am deutlichsten zum Ausdruck. Mit gewissen Einschränkungen kann gesagt werden, daß zwei Beitragseinheiten (Kalendertage) einer Leistungseinheit (Wochentage) entsprechen. Die Anspruchsdauer wird allerdings nicht nach einer entsprechenden exakten Berechnung festgesetzt. Sie bestimmt sich vielmehr nach mehreren Zeitabschnitten. **286**

Bei Vorliegen der Mindestvoraussetzungen des § 100 i. V. m. §§ 101 - 105 AFG und § 16 SGB I besteht gemäß § 106 Abs. 1 Satz 1 AFG Anspruch auf Alg für 156 Tage. Hat ein Arbeitsloser innerhalb der Rahmenfrist mehr als 360 Tage beitragspflichtig gearbeitet oder gleichgestellte Zeiten aufzuweisen, werden zur Feststellung der Dauer des Anspruchs Beschäftigungszeiten berücksichtigt, die innerhalb der letzten 7 Jahre vor **287**

II. Arbeitslosengeld

Erfüllung der Anspruchsvoraussetzungen liegen. Beschäftigungszeiten innerhalb dieses Zeitraumes, die bereits Grundlage eines Alg-Anspruchs waren, dürfen nicht noch einmal berücksichtigt werden. In einem solchen Fall endet der Sieben-Jahres-Rahmen am Ende der vorausgegangenen Rahmenfrist.

288 Die Berechnung der jeweiligen Beschäftigungsdauer erfolgt nach den gleichen Grundsätzen, die bei der Anwartschaftszeit gelten (Zeiten ohne Entgeltzahlung von mehr als 4 Wochen können z. B. nicht berücksichtigt werden). Je nach Dauer der so zurückgelegten - eventuell gleichgestellten - Beschäftigungszeiten begründen

- 480 Kalendertage einen Alg-Anspruch von 208 Tage;
- 600 Kalendertage einen Alg-Anspruch von 260 Tage;
- 720 Kalendertage einen Alg-Anspruch von 312 Tage.

Von dieser Regelung gibt es zwei Abweichungen:

289 Arbeitnehmer, die innerhalb der Rahmenfrist in Saison- oder Kampagnebetrieben tätig waren, können sich nach § 104 Abs. 1 Satz 3 AFG bereits durch eine beitragspflichtige Beschäftigung (innerhalb der Rahmenfrist) von 180 Kalendertagen einen Alg-Anspruch erwerben. Dieser umfaßt allerdings nach § 106 Abs. 2 AFG nur 78 Tage. Wurden 240 Kalendertage zurückgelegt, kann Alg für 104 Tage beansprucht werden. War ein Saison- oder Kampagnearbeiter während der letzten 3 Jahre 360 Tage oder mehr beitragspflichtig zur Bundesanstalt für Arbeit beschäftigt, gelten für ihn die "normalen" Bestimmungen des § 106 Abs. 1 AFG, so daß auch er unter Umständen Alg bis zu 312 Tagen verlangen kann.

290 Ältere Arbeitnehmer haben es bei der derzeitigen Arbeitsmarktlage besonders schwer, Arbeit zu finden. Um deren wirtschaftliche Situation zu mildern, kann ihnen Alg für mehr als 312 Tage gezahlt werden. Voraussetzung dazu ist, daß der Arbeitslose bei Entstehen des Anspruches wenigstens das 42. Lebensjahr vollendet hat. Hat der Einzelne innerhalb der letzten 7 Jahre beitragspflichtige oder gleichgestellte Zeiten von mindestens 840 Tagen zurückgelegt, umfaßt sein Alg-Anspruch 364 Tage und erhöht sich bei 960 Beschäftigungstagen auf 416 Tage, bei 1080 Tagen beitragspflichtiger Beschäftigung beträgt er 468 Tage.

2. Umfang des Anspruchs

Ist der Arbeitslose bei Entstehung des Anspruchs bereits 44 Jahre alt und hat er innerhalb der 7 Jahre 1200 Tage beitragspflichtig oder gleichgestellt gearbeitet, kann er Alg bis zu 520 Tage und bei 1320 Tagen Beschäftigung bis zu 572 Tagen beanspruchen. **291**

Bei Entstehung des Anspruchs bereits 49 Jahre alte Arbeitslose erhalten unter den gleichen Voraussetzungen bei Beschäftigungen von 1440 Tagen bzw. 1560 Tagen Alg für 624 bzw. 676 Tage. **292**

Arbeitnehmer, die bei Eintritt der Arbeitslosigkeit bereits 54 Jahre alt sind, haben Anspruch auf Alg bis zu 728, 780 oder 832 Tage, wenn sie innerhalb des Sieben-Jahres-Zeitraums 1680, 1800 oder 1920 Tage beitragspflichtig gearbeitet haben oder gleichgestellte Zeiten nachweisen. **293**

Der jeweilige individuelle Anspruch auf Alg erlischt nach § 125 Abs. 1 AFG mit der Entstehung eines neuen Anspruchs. Dies ist gegeben, wenn alle Voraussetzungen des § 100 AFG (erneut) vorliegen. Im wesentlichen muß also eine neue Anwartschaft i. S. v. § 104 AFG erfüllt sein. Ist dies der Fall, umfaßt die Dauer des neuen Anspruchs die aus der (den) letzten Beschäftigung(en) gemäß § 106 Abs. 1 oder 2 AFG resultierenden Tage zuzüglich der noch nicht verbrauchten restlichen Tage des früheren Anspruchs. Insgesamt darf der (neue) Anspruch aber nicht höher sein als 312 Tage bzw. - bei älteren Arbeitslosen - nicht höher als die für die Altersgruppe zulässige Höchstdauer. Zu beachten ist, daß seit Entstehung des ersten Anspruchs noch nicht 7 Jahre vergangen sind. **294**

Analog der Regelung zur Erfüllung der Anwartschaftszeit bestimmt sich auch die Dauer des Alg-Anspruchs nach Monaten versicherungspflichtiger Beschäftigung. Wie bereits durch Art. XI des AFRG werden die Altersstufen, die für die erhöhte Dauer des Anspruchs ausschlaggebend sind, um 3 Jahre angehoben. Die Höchstanspruchsdauer von (dann) 32 Monaten kann also erst nach Vollendung des 57. Lebensjahres erreicht werden (§ 127 SGB III). **295**

b) Höhe des Anspruchs

Nach den Gesetzesmaterialien zu den Vorschriften über die Bemessung des Alg (§§ 111 und 112 AFG) "soll das Alg so bemessen sein, daß der Arbeitslose in seiner Lebenshaltung nicht zu stark absinkt, andererseits die Aufnahme einer neuen Arbeit für den Arbeitslosen noch eine wirtschaftliche vernünftige Entscheidung bleibt. Dieses doppelte Ziel dürfte **296**

II. Arbeitslosengeld

bei einem Alg in Höhe 67 % des ausfallenden Nettoarbeitsentgelts erreicht werden".

297 Der volle Leistungssatz von 67 % wird allerdings nur Arbeitslosen zuerkannt, die wenigstens ein Kind i. S. d. § 32 EStG haben. Bei den übrigen Arbeitslosen beläuft er sich auf 60 %.

298 Wesentlich für die Höhe des Alg ist die Art der bisherigen Beschäftigung eines Arbeitslosen und seine familiäre bzw. steuerrechtliche Situation. Danach richtet sich schließlich sein (Netto-)Einkommen. Im Interesse einer praktikablen und zügigen Bearbeitung von Alg-Anträgen ist allerdings nicht das individuelle, sondern das Nettoarbeitsentgelt zugrunde zu legen, das sich bei Berücksichtigung der gesetzlichen Abzüge ergibt, die bei Arbeitnehmern gewöhnlich anfallen.

299 Diesen Grundsätzen entsprechend bestimmt der BMA durch Rechtsverordnung die Leistungssätze jeweils für ein Kalenderjahr.

300 Das für die Anwendung der Leistungstabelle maßgebliche Arbeitsentgelt richtet sich in der Regel nach dem in den letzten 6 Monaten vor Eintritt der Arbeitslosigkeit innerhalb der tariflichen Arbeitszeit erzielten Verdienst (Bemessungszeitraum). Mehrarbeitszuschläge sowie einmalige oder wiederkehrende Zuwendungen (z. B. 13. Monatsgehalt, zusätzliches Urlaubsgeld) bleiben dabei außer Betracht.

BSG, Urt. v. 17. 10. 1991 - 11 RAr 139/90,
SozR 4100 § 112 Nr. 11.

301 Bei der Errechnung des Alg darf nur Einkommen aus vollen Lohnabrechnungszeiträumen, in denen eine beitragspflichtige Beschäftigung bestanden hat, berücksichtigt werden. Außerdem dürfen nur solche Zeiträume herangezogen werden, für die wenigstens ein Teilarbeitsentgelt gezahlt worden ist und die am letzten Arbeitstag abgerechnet waren. Sie bilden den Bemessungszeitraum.

302 Erhält ein Arbeitnehmer nach dem Ausscheiden aus der Beschäftigung in nachträglicher Vertragserfüllung für Lohnabrechnungszeiträume innerhalb des Bemessungszeitraumes Arbeitsentgelt, ist auch dieses bei der Festsetzung des Alg zu berücksichtigen.

BSG, Urt. v. 21. 3. 1996 - 11 RAr 101/94,
SozR 3-4100 § 112 Nr. 25.

2. Umfang des Anspruchs

Dies gilt jedoch nicht, wenn der Entgeltanspruch erst nach Ausscheiden - **303** etwa durch rückwirkenden Tarifvertrag - entstanden ist. Nicht zu berücksichtigen sind auch Entgelte, die für Lohnabrechnungszeiträume außerhalb des Bemessungszeitraumes (nach) gezahlt werden (z. B. bei Verlängerung des Arbeitsverhältnisses in einem Kündigungsschutzprozeß).

Das während des Bemessungszeitraumes in der Arbeitsstunde durch- **304** schnittlich erzielte Entgelt (also die Gesamtheit des berücksichtigungsfähigen Arbeitsentgelts) dividiert durch die Gesamtheit der dafür erbrachten Arbeitszeit, ist mit der tariflichen regelmäßigen wöchentlichen Arbeitszeit des/der betreffenden Beschäftigungsverhältnisse(s) zu vervielfachen. Das so errechnete Arbeitsentgelt wird gerundet (§ 112 Abs. 10 AFG) der Leistungszahlung zugrundegelegt. Dies gilt auch, wenn der Arbeitslose in dem/den Beschäftigungsverhältnis(sen) im Bemessungszeitraum regelmäßig Überzeitarbeit geleistet hat.

Tarifliche Arbeitszeit ist aber nicht nur die "Normalarbeitszeit", die im **305** betreffenden Tarifgebiet gilt. Eine verlängerte tarifliche Arbeitszeit, wie sie z. B. bei Maschinisten in der Bauindustrie besteht, ist dann zu Grunde zu legen, wenn sie sich im Rahmen des § 7 ArbZG hält und für den Arbeitslosen tatsächlich die regelmäßige Arbeitszeit war. Ist die tatsächliche (verlängerte) regelmäßige Arbeitszeit nur als Ausnahmeregelung im maßgeblichen Tarifvertrag vorgesehen, darf nur die "Normalarbeitszeit" berücksichtigt werden.

> BSG, Urt. v. 23. 9. 1980 - 7 RAr 109/79,
> Breithaupt 1981, S. 627
> und
> BSG, Urt. v. 21. 3. 1978 - 7 RAr 95/76,
> SozR 4100 § 112 Nr. 7.

Sieht ein Tarifvertrag für Teile des Jahres eine unterschiedliche wöchent- **306** liche Arbeitszeit vor, ist die wöchentliche Arbeitszeit zugrunde zu legen, die sich als Jahresdurchschnitt ergibt.

Hat in einem Arbeitsverhältnis keine tarifliche Arbeitszeit bestanden, ist **307** die tarifliche Arbeitszeit für gleiche oder ähnliche Beschäftigungen heranzuziehen.

Mit diesen grundsätzlichen Bemessungsvorschriften lassen sich zahlreiche **308** Sachverhalte allenfalls unzureichend regeln. Teilzeitbeschäftigte, Auszubildende und Heimarbeiter arbeiten in Verhältnissen, die bei der Regelbemessung des Alg zu unbefriedigenden Ergebnissen führen.

II. Arbeitslosengeld

309 Die Höhe des ihnen zustehenden Alg bemißt sich deshalb nach besonderen Bestimmungen.

310 Bei Personen, die nicht nur vorübergehend und auch im Bemessungszeitraum weniger als tariflich vorgegeben gearbeitet haben, ist das in der Arbeitsstunde erzielte Entgelt mit der verkürzten regelmäßigen wöchentlichen Arbeitszeit zu multiplizieren.

311 Durch das Alg soll bekanntlich das entgehende Arbeitseinkommen teilweise ersetzt werden. Würde bei einem Arbeitslosen, der im Bemessungszeitraum für einen Beruf ausgebildet worden ist, die während dieser Zeit gezahlte Ausbildungsvergütung berücksichtigt werden, könnte dieser Grundsatz nicht eingehalten werden. Aus diesem Grunde bemißt sich das Alg eines Arbeitslosen, der im Bemessungszeitraum zur Berufsausbildung beschäftigt worden ist, nach der Hälfte seines künftigen tariflich zustehenden Entgelts, wenn die Ausbildung erfolgreich abgeschlossen worden ist und dieser gekürzte Verdienst die zuletzt gezahlte Ausbildungsvergütung übersteigt.

312 Heimarbeiter sind bei Erledigung ihrer Arbeit an keine Arbeitszeit gebunden. Ein auf die Arbeitsstunde bezogenes Entgelt läßt sich daher nicht berechnen. Bei Arbeitslosen, die im Bemessungszeitraum Heimarbeit verrichtet haben, ist daher der durchschnittliche Verdienst der letzten 10 Wochen Grundlage des Alg.

313 Die Arbeitsleistung von Arbeitnehmern, die bei ihrem Ehegatten oder einem nahen Verwandten beschäftigt sind, wird gelegentlich aus familiären Aspekten vergütet. Das besondere Verhältnis zwischen Arbeitgeber und Arbeitnehmer verleitet auch oft, bei absehbarer Beendigung des Beschäftigungsverhältnisses das Arbeitsentgelt einvernehmlich zu erhöhen. Um derartigen Manipulationen entgegenzuwirken, richtet sich das Alg bei einem Arbeitslosen, der im Bemessungszeitraum beim Ehegatten oder einem Verwandten in gerader Linie beschäftigt war, höchsten nach dem Entgelt, welches familienfremden Arbeitnehmern bei gleichartiger Beschäftigung gewöhnlich gezahlt wird.

314 Dies gilt auch, wenn ein Arbeitnehmer von einer OHG oder von einer BGB-Gesellschaft beschäftigt wird und der Ehegatte oder der Verwandte Gesellschafter ist.

> BSG, Urt. v. 15. 12. 1993 - 11 RAr 95/92,
> BSGE 73, 163 = SozR 3-4100 § 112 Nr. 16
> und
> BSG, Urt. v. 21. 6. 1994 - 11 RAr 101/93,
> Dbl R der BA Nr. 4141 zu § 112 ARG.

Ist der Arbeitgeber eine Personen- oder Kapitalgesellschaft und kann der **315** Ehegatte oder Verwandte die Geschicke der Gesellschaft maßgeblich beeinflussen, gilt dies jedoch nicht.

> BSG, Urt. v. 21. 4. 1988 - 7 RAr 32/86,
> SozR 4100 § 112 Nr. 36.

Das Alg wird auch künftig nach einem pauschalierten Entgelt, dem soge- **316** nannten Leistungsentgelt, bemessen. Bei der Festsetzung der Leistungshöhe wird die Flexibilisierung der Arbeitszeiten berücksichtigt. Es wird deshalb nicht mehr das in der Arbeitsstunde erzielte Entgelt ermittelt. Mit Ausnahme von einmalig gezahltem Entgelt sowie Leistungen, die im Hinblick auf die Arbeitslosigkeit vereinbart worden sind, werden alle im Bemessungszeitraum gezahlten Entgelte, für die Beiträge entrichtet worden sind, berücksichtigt. Der Bemessungszeitraum wird von 6 auf 52 Wochen erweitert (§§ 129 ff SGB III).

3. Ruhenstatbestände

a) Entgeltansprüche

Wie bereits mehrfach festgestellt, soll durch Alg entgehendes Arbeitsent- **317** gelt teilweise ersetzt werden. Da aber trotz bestehenden Arbeitsverhältnisses Arbeitslosigkeit vorliegen kann, ist es möglich, daß sowohl Arbeitsentgelt gezahlt bzw. beansprucht werden kann als auch Alg-Anspruch besteht. Gerade im Zusammenhang mit Insolvenzen, bei Freistellungen während der Kündigungsfrist oder für die Dauer von Arbeitsgerichtsverfahren ist dies häufig der Fall. Um den Zweck des Alg zu erhalten, ruht daher der Anspruch auf die Leistung in der Zeit, in der Arbeitsentgelt gezahlt wird oder zusteht.

> BSG, Urt. v. 14. 2. 1978 - 7 RAr 57/76,
> SozR 4100 § 117 Nr. 2.

Gleiches gilt für die Zeit eines abgegoltenen bzw. abzugeltenden Ur- **318** laubsanspruchs, der wegen Beendigung des Arbeitsverhältnisses nicht durch Freizeit in Anspruch genommen werden konnte.

II. Arbeitslosengeld

319 Erhält ein Arbeitnehmer wegen Beendigung des Arbeitsverhältnisses eines Abfindung, Entschädigung oder eine vergleichbare Leistung und wurde die für den Arbeitgeber geltende Kündigungsfrist nicht eingehalten, ruht der Alg-Anspruch ebenfalls. Dabei wird davon ausgegangen, daß wenigstens ein Teil der Abfindung gezahlt wird, weil der Arbeitnehmer auf Einhaltung der Kündigungsfrist verzichtet hat. Für eine gewisse Zeit ändert sich in seinem wirtschaftlichen Status also nichts, so daß eine finanzielle Unterstützung durch die Versichertengemeinschaft nicht angebracht erscheint. Angestaute Entgeltansprüche, die nur anläßlich der Beendigung des Arbeitsverhältnisses gezahlt werden, sind von dieser Regelung nicht erfaßt.

320 Bei Zahlung einer Abfindung ruht der Alg-Anspruch von der Beendigung des Arbeitsverhältnisses an bis zu dem Tag, zu dem es vom Arbeitgeber zulässigerweise hätte gekündigt werden dürfen. Die Frist beginnt mit der Kündigung bzw. mit dem Tag, an dem der Aufhebungsvertrag geschlossen worden ist. Bei zeitlich unbegrenztem Ausschluß der Kündigung durch den Arbeitgeber wird gesetzlich eine Frist von 18 Monaten fingiert. Ist die ordentliche Kündigung nur zeitlich begrenzt ausgeschlossen oder darf aus wichtigem Grund unter Einhaltung einer Frist gekündigt werden (z.B. Betriebsschließung), ist die Dauer der sonst zulässigen ordentlichen Kündigungsfrist maßgebend. Wenn das Arbeitsverhältnis nur bei Zahlung einer Abfindung o. ä. Leistung gekündigt werden kann, gilt eine Frist von einem Jahr.

321 Der Verlust eines eventuell langjährigen Arbeitsplatzes stellt regelmäßig einen starken Einschnitt in die soziale Situation eines Arbeitnehmers dar. Unabhängig von der Einhaltung der Kündigungsfrist wird Arbeitnehmern allein deshalb oft eine Abfindung gezahlt. Es kann davon ausgegangen werden, daß auch bei nicht fristgemäßer Beendigung eines Arbeitsverhältnisses mit der Abfindung der Verlust des sozialen Besitzstandes gemindert werden soll. Höchstens 70 % der Abfindung werden deshalb als Entgeltanteil angesehen. Dieser Anteil verringert sich bei Arbeitnehmern mit einer Betriebszugehörigkeit von mehr als 5 Jahren und bei Arbeitnehmern, die das 40. Lebensjahr vollendet haben, um je 5 % und danach für den Zeitraum von 5 Jahren um weitere 5 % bis auf 30 % der Abfindung.

3. Ruhenstatbestände

Der jeweils zu berücksichtigen Anteil ergibt sich aus folgender Aufstellung: **322**

Betriebs- oder Unternehmenszugehörigkeit	Lebensalter am Ende des Arbeitsverhältnisses					
	unter 40 Jahre	ab 40 Jahre	ab 45 Jahre	ab 50 Jahre	ab 55 Jahre	ab 60 Jahre
	%	%	%	%	%	%
weniger als 5 Jahre	70	65	60	55	50	45
5 und mehr Jahre	65	60	55	50	45	40
10 und mehr Jahre	60	55	50	45	40	35
15 und mehr Jahre	55	50	45	40	35	30
20 und mehr Jahre	50	45	40	35	30	30
25 und mehr Jahre	45	40	35	30	30	30
30 und mehr Jahre		35	30	30	30	30
35 und mehr Jahre		30	30	30	30	

Der so ermittelte Anteil der Abfindung ist gemäß § 117 Abs. 3 Satz 2 Nr. 1 AFG mit dem Arbeitsentgelt zu verrechnen, welches der Arbeitslose bei Weiterbeschäftigung kalendertäglich verdient hätte. Die sich dadurch ergebende Zahl der Kalendertage stellt den Zeitraum dar, für welchen der Anspruch längstens ruht (aber: Kündigungsfrist). **323**

Bei befristeten Arbeitsverhältnissen endet der Ruhenszeitraum spätestens mit Erreichen des vereinbarten Zeitpunktes. **324**

Hätte der Arbeitgeber das Arbeitsverhältnis aus wichtigem Grund fristlos kündigen können, ruht der Anspruch nicht über den Tag der dann möglichen Kündigung hinaus. **325**

Trotz bestehenden Anspruchs erhalten Arbeitnehmer das ihnen zustehende Entgelt oft nicht. Ebenso verhält es sich mit Abfindungsansprüchen. Die Betroffenen sind in solchen Fällen ohne Einkünfte und auf Alg angewiesen. Nach § 117 Abs. 4 AFG wird deshalb trotz des gegebenen Ruhenstatbestandes Alg gezahlt, soweit der Entgeltanspruch nach § 117 Abs. 1 und 2 AFG nicht erfüllt wird. Der Entgeltanspruch des Arbeitslosen geht gemäß § 115 SGB X auf die Bundesanstalt für Arbeit über. **326**

II. Arbeitslosengeld

327 Wird jedoch Alg bewilligt, obwohl noch Ansprüche auf Arbeitsentgelt bestehen, geht der Anspruch insoweit nicht auf die Bundesanstalt für Arbeit über, als das Arbeitsentgelt schon vor der Zahlung des Alg an den Arbeitslosen ausgezahlt worden ist. In einem solchen Fall kann die Bundesanstalt für Arbeit nur nach § 45 bzw. § 48 i. V. m. § 50 SGB X Erstattung vom Arbeitslosen verlangen.

BSG, Urt.v. 14. 7. 1994 - 7 RAr 104/93,
SozR 3-7100 § 117 Nr. 11.

328 Die Regelung des § 117 AFG erfaßt nur solche Situationen, in denen das Arbeitsverhältnis ohne Einhaltung der Kündigungsfrist geendet hat und deswegen eine Abfindung gezahlt worden ist.

329 Nach § 117a AFG soll der Alg-Anspruch auch dann ruhen, wenn ein Arbeitnehmer ohne wichtigen Grund gegen Zahlung einer Abfindung sein Arbeitsverhältnis aufgibt. Dies gilt auch, wenn die Kündigungsfrist eingehalten worden ist. Falls infolge dieser Arbeitsaufgabe nach § 119 Abs. 1 AFG eine Sperrzeit von 8 Wochen eintritt, muß der Arbeitslose zunächst einen Teil seiner Abfindung zur Deckung des Lebensunterhalts verwenden, bevor er Leistungen der Arbeitslosenversicherung in Anspruch nehmen kann.

RE zum AFG-Änd. Gesetz vom 18. 12. 1992,
BR-Drucks. 503/92 S. 24.

330 Der Ruhenszeitraum schließt sich grundsätzlich an das Ende der Sperrzeit an. Er umfaßt so viele Kalendertage, wie der zu berücksichtigende Anteil der Abfindung dem Verhältnis des letzten kalendertäglichen Arbeitsentgelts entspricht (Abs. 2).

331 Ist das Arbeitsverhältnis nicht fristgemäß beendet worden, ist zunächst § 117 AFG anzuwenden. Daneben tritt in der Regel gemäß § 119 AFG eine Sperrzeit ein (sh. 3c). An den Ruhenszeitraum nach § 117 AFG schließt sich der nach § 117a AFG an, wenn er später endet als die Sperrzeit.

332 Die Entlassungsentschädigung wird nach § 140 SGB III im selben Umfang berücksichtigt, wie sie nach Einführung des § 115a AFG durch Art. XI AFRG seit 1. April 1997 angerechnet wird.

3. Ruhenstatbestände

b)   Ansprüche auf Sozialleistungen

Das System der sozialen Sicherheit in der Bundesrepublik Deutschland ist so gestaltet, daß eine Doppelversorgung nicht eintritt. Dennoch können die Voraussetzungen für verschiedene Sozialleistungen gleichzeitig erworben werden. Um einen Mehrfachbezug zu verhindern, sind die einschlägigen Gesetze so geschaffen, daß bei Zuerkennung einer Leistung die andere ruht.   333

Durch das Ruhen erlischt der Anspruch nicht; er kann nur nicht geltend gemacht werden. Wenn die Leistung bereits zuerkannt worden war, ist die Entscheidung bei Vorliegen eines Ruhenstatbestandes aufzuheben.   334

> BSG, Urt v. 27. 6. 1961 - 7 RAr 3/61,
> Breithaupt 1962, S. 85.

Alleine der (grundsätzliche) Anspruch auf eine der in § 118 AFG genannten Leistungen bewirkt noch kein Ruhen des Alg-Anspruchs. Die Leistung muß vielmehr zuerkannt sein.   335

> BSG, Urt. v. 9. 12. 1982 - 7 RAr 120/81,
> Dbl R der BA Nr. 2832 zu § 118 AFG.

Ist dies der Fall, ruht der Alg-Anspruch gegebenenfalls rückwirkend für die Zeit, für die eine der fraglichen Leistungen zuerkannt ist. Im Falle der Bewilligung von Rente wegen Erwerbsunfähigkeit ruht der Alg-Anspruch aber erst vom Beginn der laufenden Rentenzahlung (allerdings ruht der Rentenanspruch in Höhe des gezahlten Alg - § 95 SGB VI).   336

Ebenso wie der gleichzeitige Bezug von Erwerbsunfähigkeitsrente und Alg soll ein uneingeschränkter Bezug von Altersrente oder einer Knappschaftsausgleichsleistung bei gleichzeitigem Alg-Anspruch ausgeschlossen werden. Während der Anspruch auf Erwerbsunfähigkeitsrente aber ohne Rücksicht auf dessen Höhe die Alg-Zahlung ausschließt, ruht der Alg-Anspruch bei Zuerkennung einer Altersrente bzw. Knappschaftsausgleichsleistung erst ab dem vierten Monat nach Entstehung des Alg-Anspruchs, wenn für die letzten 6 Monate der Beschäftigung eine Teilrente zuerkannt worden ist. Nur in Höhe der Rente ruht der Alg-Anspruch, wenn die Rente schon während der Beschäftigung und unabhängig vom Arbeitsentgelt gezahlt wurde.   337

II. Arbeitslosengeld

338 Ähnliche Bezüge öffentlich-rechtlicher Art i. S. d. § 118 Abs. 1 Nr. 5 AFG sind nach der Rechtsprechung des Bundessozialgerichts,

> BSG, Urt. v. 9. 11. 1983 - 7 RAr 58/82,
> SozR 4100 § 118 Nr. 12,

nur Leistungen, die bei Erreichen einer bestimmten Altersgrenze gewährt werden, als Lohnersatz gedacht und nach ihrer Konzeption so bemessen sind, daß sie im allgemeinen den Lebensunterhalt sicherstellen (z. B. Ruhegehalt nach dem Soldatenversorgungsgesetz oder Ruhegehalt eines Polizeivollzugsbeamten, der wegen Vollendung des 60. Lebensjahres in den Ruhestand versetzt worden ist).

339 Die Zuerkennung einer Sozialleistung nach dem 65. Lebensjahr kann ein Ruhen des Alg-Anspruchs nicht bewirken, weil Arbeitslosen dieses Alters nach § 100 Abs. 2 AFG Alg nicht mehr gezahlt werden darf.

c) Sperrzeiten

340 Jedem Arbeitnehmer ist es unbenommen, sein Beschäftigungsverhältnis aufzugeben oder die Kündigung zu erwirken. Ebenso steht es ihm frei, eine Arbeit abzulehnen, die ihm nicht zusagt. Aus dem Grundsatz, daß sich eine Versichertengemeinschaft gegen Risikofälle wehren muß, deren Eintritt der Versicherte selbst zu vertreten hat oder an deren Behebung er unbegründet nicht mitwirkt, darf jedoch Alg zeitweilig versagt werden, ohne das Grundrecht der freien Wahl des Arbeitsplatzes zu verletzen.

> BVerfG, Beschl. v. 13. 6. 1983 - 1 BvR 1239/82,
> SozR 4100 § 119 Nr. 22
> und
> BSG, Beschl. v. 10. 3. 1969 - 7 RAr 57/68,
> Dbl R der BA Nr. 1442 zu § 78 AVAVG.

341 Dabei wird nicht der Anspruch dem Grunde nach verneint, sondern lediglich festgestellt, daß er ruht. Gleichzeitig hat eine Sperrzeit in der Regel aber zur Folge, daß dadurch die Anspruchsdauer um ein Viertel gemindert wird (§ 110 AFG). Faktisch stellt eine Sperrzeit also eine teilweise Versagung des Anspruchs dar.

aa) Sperrzeit bei Beendigung eines Arbeitsverhältnisses

342 Eine Sperrzeit tritt nach § 119 Abs. 1 Nr. 1 AFG ein, wenn der Arbeitslose das Arbeitsverhältnis gelöst oder durch vertragswidriges Verhalten die Kündigung ausgelöst und dadurch vorsätzlich oder grob fahrlässig Arbeitslosigkeit herbeigeführt hat, ohne für sein Verhalten einen wichtigen Grund zu haben.

Das Arbeitsverhältnis wird nicht nur bei eigener Kündigung, sondern auch dann im Sinne des Gesetzes durch den Arbeitnehmer gelöst, wenn er einer Kündigung des Arbeitgebers zur Unzeit zustimmt. Von wem dazu die Initiative ausging, ist unerheblich. **343**

> BSG, Urt. v. 12. 4. 1984 - 7 RAr 28/83,
> Breithaupt 1985, S. 242.

Voraussetzung für den Eintritt einer Sperrzeit ist also, daß der Arbeitnehmer das Verhalten des Arbeitgebers als Unrecht erkannte und damit einverstanden war. Die stillschweigende Hinnahme einer Kündigung ohne Einhaltung der Frist dürfte daher noch nicht als Aufhebungsvertrag anzusehen sein. Auch eine unterlassene Kündigungsschutzklage alleine berechtigt nicht, den Eintritt einer Sperrzeit festzustellen. Haben jedoch im Zusammenhang mit einer fristgemäßen ordentlichen Kündigung zuvor Verhandlungen zwischen dem Arbeitgeber und dem Arbeitnehmer stattgefunden und sind diese etwa in einem "Abwicklungsvertrag" eingemündet, welcher dem Arbeitnehmer einen finanziellen Vorteil zusichert, kann von einer einvernehmlichen Beendigung des Arbeitsverhältnisses ausgegangen werden. **344**

> BSG, Urt. v. 9. 11. 1995 - 11 LAr 27/95,
> SozR 3-4100 § 119 Nr. 9.

Eine Sperrzeit tritt auch dann ein, wenn der Arbeitnehmer kündigt, um einer unter Umständen nicht verhaltensbedingten Kündigung, die der Arbeitgeber zu einem späteren Zeitpunkt ausgesprochen hätte, zuvorzukommen. Ausschlaggebend ist also der Sachverhalt, der die Arbeitslosigkeit konkret ausgelöst hat. **345**

> BSG, Urt. v. 12. 4. 1984 - 7 RAr 28/83
> Breithaupt 1985, S. 242.

Hat der Arbeitgeber die Kündigung ausgesprochen, tritt eine Sperrzeit ein, wenn der Arbeitnehmer dies dadurch verursacht hat, daß er gegen Vereinbarungen aus dem geltenden Arbeitsvertrag verstoßen hat. Dies kann z. B. durch Nichtleistung oder schuldhafte Schlechtleistung der vereinbarten Arbeit geschehen. Dazu zählt aber auch der Fall, daß die vereinbarte Arbeitsleistung unmöglich ist (z. B. bei einem Lkw-Fahrer, dem die Fahrerlaubnis entzogen worden ist). **346**

II. Arbeitslosengeld

BSG, Urt. v. 25. 8. 1981 - 7 RAr 44/80,
Dbl R der BA Nr. 2731 zu § 119 AFG
und
Bayerisches LSG, Urt. v. 25. 9. 1984
- L 11/Bl 298/83, NZA 1985, 608.

347 Ein vertragswidriges Verhalten kann auch aus der Verletzung sonstiger Pflichten aus dem Arbeitsvertrag herrühren. In erster Linie dürfte es sich hierbei um die Verletzung von Nebenpflichten aus dem Arbeitsverhältnis handeln (Gehorsamspflicht, Verschwiegenheitspflicht u. ä.). Ob dem Arbeitgeber dadurch ein Grund zur außerordentlichen Kündigung gegeben wird, ist unerheblich. Das vertragswidrige Verhalten muß aber ursächlich für die Kündigung gewesen sein.

348 Neben der Eigenkündigung bzw. der auf vertragswidrigem Verhalten des Arbeitnehmers beruhenden Kündigung des Arbeitgebers tritt eine Sperrzeit nur ein, wenn der Arbeitnehmer dadurch vorsätzlich oder grob fahrlässig die konkrete Arbeitslosigkeit herbeigeführt hat. Ob das vertragswidrige Verhalten innerhalb des Arbeitsverhältnisses vorsätzlich oder grob fahrlässig war, ist unerheblich.

BSG, Urt. v. 25. 8. 1981 - 7 RAr 44/80,
Dbl R der BA Nr. 2731 zu § 119 AFG.

349 Grob fahrlässig i. S. d. § 119 AFG handelt, wer das nicht beachtet, was im gegebenen Falle jedem einleuchten muß, oder wenn er einfachste, naheliegende Überlegungen unterläßt.

BSG, Urt. v. 17. 3. 1981 - 7 RAr 20/80,
Dbl R der BA Nr. 2529 zu § 151 AFG.

350 Dabei ist allerdings die persönliche Einsichts- und Kritikfähigkeit des Arbeitslosen zu berücksichtigen, weil nur dadurch eine Einzelfallentscheidung möglich ist (§ 45 Abs. 2 Satz 3 Nr. 3 SGB X). Durfte der jetzt Arbeitslose annehmen, daß er nach Beendigung des Arbeitsverhältnisses nicht arbeitslos werden würde, weil ihm z. B. eine Anschlußbeschäftigung verbindlich zugesagt worden war, ist Arbeitslosigkeit weder vorsätzlich noch grob fahrlässig herbeigeführt, wenn wider Erwarten Arbeitslosigkeit eintritt.

BSG, Urt. v. 12. 11. 1981 - 7 RAr 21/81,
Breithaupt 1982, S. 720.

3. Ruhenstatbestände

Der Leistungsanspruch ruht wegen Eintritts einer Sperrzeit nur, wenn die **351** Arbeitslosigkeit unmittelbar auf dem gegebenenfalls vertragswidrigen Verhalten des Arbeitslosen beruht. Wäre er ohne Vertragsverletzung zum gleichen Zeitpunkt entlassen worden, tritt eine Sperrzeit nicht ein. Auch bei einvernehmlicher Beendigung des Arbeitsverhältnisses (etwa in einem Kündigungsschutzrechtsstreit) nach vorausgegangener außerordentlicher Kündigung wird das Arbeitsverhältnis nicht mit Sperrzeitfolge grob fahrlässig aufgegeben, weil die Arbeitslosigkeit bereits durch die Kündigung herbeigeführt worden ist. Allerdings muß geprüft werden, weshalb die außerordentliche Kündigung ausgesprochen worden war. Der Verlauf des Arbeitsrechtsstreites und die dabei bekannt gewordenen Tatsachen können jedoch Anhaltspunkte für die Beurteilung geben, ob ein vertragswidriges Verhalten i. S. d. § 119 Abs. 1 Nr. 1 AFG vorlag.

LSG Baden-Württemberg, Urt. v. 25. 3. 1983
- L 3 Ar 986/81, unveröffentlicht.

Schließlich tritt eine Sperrzeit nur ein, wenn der Arbeitslose für sein Ver- **352** halten keinen wichtigen Grund hatte. Dies ist der Fall, wenn dem Arbeitslosen unter Berücksichtigung aller Umstände des Einzelfalles und unter Abwägung seiner Interessen und der Interessen des Versichertengemeinschaft ein anderes Verhalten zugemutet werden kann (Ausschuß-Bericht zum RegE zum AFG, S. 21).

Ein wichtiger Grund zur Beendigung eines Arbeitsverhältnisses und zur **353** Auslösung von Arbeitslosigkeit wird regelmäßig als gegeben anerkannt, wenn

- die für die Arbeit geltenden tariflichen Regelungen nicht eingehalten werden,

- der Arbeitslose die Arbeit aus gesundheitlichen Gründen nicht (mehr) verrichten kann,

- durch die Arbeit der Bestand der Ehe oder der Familie gefährdet wäre,

- die Arbeit gegen die guten Sitten verstößt.

Außerdem sind alle Tatbestände, die einem Arbeitnehmer arbeitsrechtlich **354** einen Grund zur fristlosen Kündigung geben, als "wichtiger Grund" anzuerkennen.

BSG, Urt. v. 17. 7. 1964 - 7 RAr 4/64,
Breithaupt 1965, S. 152.

II. Arbeitslosengeld

355 Darüber hinaus tritt auch keine Sperrzeit ein, wenn ein Arbeitnehmer das Arbeitsverhältnis beendet, weil ihm dessen dauerhafte Fortsetzung aus sonstigen Gründen nicht zugemutet werden kann. Dabei sind die Belange der Arbeitsvertragspartner und die der Versichertengemeinschaft gegeneinander abzuwägen. Nach der Rechtsprechung ruht z. B. der Leistungsanspruch nicht, wenn ein älterer Arbeitnehmer, dessen Arbeitsverhältnis nur aus wichtigem Grund gekündigt werden darf, im Zuge eines drastischen Personalabbaus unter Gewährung einer größeren Abfindung sein Arbeitsverhältnis aufgibt und dadurch einem jüngeren Arbeitnehmer eine Beschäftigungsmöglichkeit erhält.

     BSG, Urt. v. 17. 2. 1981 - 7 RAr 90/79,
     Breithaupt 1982, S. 239.

356 Die Umstände, die als "wichtiger Grund" die Arbeitsaufgabe rechtfertigen sollen, müssen objektiv vorliegen. Die subjektive irrige Annahme, ein wichtiger Grund sei gegeben, berechtigt nicht, von dem Eintritt einer Sperrzeit abzusehen. Können die Umstände, die mit wichtigen Gründen zur Arbeitsaufgabe berechtigen, beseitigt werden, muß der Arbeitnehmer einen entsprechenden ernsthaften Versuch unternehmen, um letztlich einen wichtigen Grund anerkennen zu können.

     BSG, Urt. v. 9. 5. 1963 - 7 RAr 44/61,
     Breithaupt 1964, S. 1004.

357 Eine Sperrzeit tritt aber nicht ein, wenn ein Arbeitnehmer zwar subjektiv ohne wichtigen Grund gekündigt hat, ihm objektiv (etwa wegen seines Gesundheitszustandes) die Fortsetzung des Beschäftigungsverhältnisses nicht möglich oder nicht zumutbar war.

     BSG, aaO.

358 Die auf § 119 Abs. 1 Satz 1 AFG beruhende Sperrzeit umfaßt bis 31. Dezember 2000 12 Wochen (§ 119a AFG). Sie beginnt mit dem Tag nach dem Ereignis, das sie begründet und läuft kalendertäglich ab.

359 Würde die Sperrzeit im gesetzlichen Normalmaß nach den für ihren Eintritt maßgeblichen Umständen eine unbillige Härte bedeuten, umfaßt sie (bis 31. Dezember 2000) 6 Wochen. Eine Härte liegt z. B. dann vor, wenn das Arbeitsverhältnis auch ohne das die Sperrzeit auslösende Ereignis innerhalb von 12 Wochen geendet hätte.

> BSG, Urt. v. 15. 11. 1995 - 7 RAr 32/95,
> SozR 3-4100 § 119a Nr. 3.

Allein die Folgen der Sperrzeit können als Härte nicht anerkannt werden. **360**
Sie ist gesetzliche Folge, nicht "Umstand", der zur Sperrzeit geführt hat.

Die Sperrzeit umfaßt 2 Wochen, wenn das Arbeitsverhältnis ohne Ver- **361**
schulden des Arbeitslosen ohnedies innerhalb von 4 Wochen geendet hätte
(§ 119 Abs. 2 Satz 2 AFG). Sie beträgt 3 Wochen, wenn das Arbeitsverhältnis ohne Sperrzeit innerhalb von 6 Wochen zu Ende gegangen wäre.

> BSG, Urt. v. 9. 2. 1995 - 7 RAr 34/94,
> SozR 3-4100 § 119a Nr. 2.

bb) Sperrzeit wegen Arbeitsablehnung

Eine Sperrzeit tritt auch ein, wenn ein Arbeitsloser ohne wichtigen Grund **362**
eine vom Arbeitsamt angebotene zumutbare Arbeit (siehe Zumutbarkeits-
AO) trotz Belehrung über die Rechtsfolgen ablehnt oder nicht antritt,
ohne für sein Verhalten einen wichtigen Grund zu haben. Die Sperrzeit
umfaßt in diesem Fall 12 Wochen (§ 119 Abs. 1 Nr. 2 i. V. m. § 119a
AFG). Ob und gegebenenfalls inwieweit ein Arbeitsloser wegen unberechtigter Arbeitsablehnung eine Sperrzeit verwirkt hat, muß ebenfalls die
Bundesanstalt für Arbeit beweisen.

> BSG, Urt. v. 26. 11. 1992 - 7 RAr 38/92,
> BSGE 71, 256.

Nur eine vom Arbeitsamt angebotene Arbeit führt zum Ruhen des An- **363**
spruchs. Außerdem müssen in jedem Einzelfall zutreffend die rechtlichen
Folgen einer Arbeitsablehnung ohne wichtigen Grund aufgezeigt werden.
Allgemeine Hinweise in einem Merkblatt genügen dafür nicht.

> BSG, Urt. v. 10. 12. 1981 - 7 RAr 24/81,
> Breithaupt 1982, S. 912.

Das Arbeitsangebot muß allerdings nicht alle Einzelheiten des möglichen **364**
Arbeitsverhältnisses beinhalten. Im allgemeinen genügt es, wenn der Arbeitgeber, die Art der Tätigkeit, die Lage der Arbeitsstätte und die Arbeitszeit bekannt gegeben werden.

> Schleswig-Holst. LSG, Urt. v. 18. 1. 1980
> - L 1 Ar 1/77, Breithaupt 1980, S. 607.

II. Arbeitslosengeld

365 Die Arbeitsablehnung kann sofort gegenüber dem Arbeitsamt, aber auch später beim vorgeschlagenen Arbeitgeber erfolgen. Ob sie wörtlich oder konkludent ausgedrückt wird, ist unerheblich.

BSG, Urt. v. 20. 3. 1980 - 7 RAr 4/79,
Dbl R der BA Nr. 2530 zu § 119 AFG.

366 Von einem Arbeitslosen kann aber nicht verlangt werden, daß er seine berechtigten Wünsche zurückstellt oder gar Tatsachen verschweigt, nur um eine Arbeit zu erhalten. Eine übertriebene Schilderung bisheriger Krankheitszeiten oder die Berufung auf andere Tätigkeitsabsichten, für deren Realisierung keine Aussicht besteht, bedeutet aber eine Vereitelung und damit eine Ablehnung der angebotenen Arbeit.

Hessisches LSG, Urt. v. 29. 10. 1975
- L 1 Ar 81/75,
Dbl R der BA Nr. 2092 zu § 119 AFG.

367 Nicht angetreten ist eine Arbeit dann, wenn ein Arbeitsloser eine angebotene Arbeit tatsächlich nicht aufnimmt, obwohl Einstellung/Arbeitsaufnahme vereinbart worden war.

368 Arbeitslose, die das 58. Lebensjahr vollendet haben, sind nach § 105c AFG bis 31. Dezember 2000 nicht verpflichtet, jede zumutbare Beschäftigung anzunehmen. Im Falle einer Arbeitsablehnung tritt daher bei diesem Personenkreis in keinem Fall eine Sperrzeit ein.

4. Verfahren

a) Pflichten des Arbeitnehmers

369 Unter Beachtung des Grundsatzes, daß derjenige, der aus dem Bestehen eines Tatbestandes Rechte ableiten will, dessen Vorliegen glaubhaft machen muß, besteht die erste Pflicht des Arbeitslosen darin nachzuweisen, daß die Voraussetzungen des § 100 AFG (§ 117 SGB III) erfüllt sind. Bezüglich der Arbeitslosmeldung und der Antragstellung gibt es dabei in der Regel keine Probleme. Ebenso verhält es sich mit der Arbeitslosigkeit, weil diese als gegeben anzuerkennen ist, wenn der entsprechenden Erklärung des Arbeitslosen keine Tatsachen entgegenstehen. Diese zu beweisen wäre dann Sache der Bundesanstalt für Arbeit.

370 Die Arbeitslosmeldung als Tatsachenerklärung wirkt nur so lange, wie die bekanntgegebene Arbeitslosigkeit besteht. Wird sie durch Übernahme

4. Verfahren

einer mehr als kurzzeitigen (geringfügigen) Beschäftigung unterbrochen (die länger als 6 Wochen dauert), ist eine danach erneut eingetretene Arbeitslosigkeit wieder persönlich beim zuständigen Arbeitsamt anzuzeigen, wenn auch dann Alg gezahlt werden soll. Dies gilt auch, wenn eine auf längere Zeit geplante Beschäftigung so früh wieder aufgegeben wird, daß tatsächlich nicht länger als kurzzeitig gearbeitet worden ist.

> BSG, Urt.v. 14. 12. 1995 - 11 RAr 75/95,
> SozR 3-4100 § 105 Nr. 2
> und
> LSG Baden-Württemberg, v. 18. 5. 1995
> - L 12 Ar 2396/95, unveröffentlicht.

Was die Verfügbarkeit für die Arbeitsvermittlung anbelangt, ergeben sich für den Arbeitslosen immer dann besondere Pflichten, wenn er nicht in der Lage ist, uneingeschränkt als Arbeitnehmer tätig zu werden. Solange für die Einschränkung der Arbeitsbereitschaft familiäre Umstände ursächlich sind, lassen sich auch diese normalerweise ohne weiteres darlegen. Müssen jedoch aus gesundheitlichen Gründen fachliche, räumliche oder zeitliche Einschränkungen geltend gemacht werden, muß der Arbeitslose entsprechend Beweis führen. Läßt sich aus - von ihm - vorzulegenden bzw. mit seiner Zustimmung einzuholenden ärztlichen Bescheinigungen die Berechtigung zur eingeschränkten Arbeitsfähigkeit nicht entnehmen, muß er bereit sein, sich vom Arbeitsamtsarzt untersuchen zu lassen. Dieser ist auch berechtigt, ergänzende fachärztliche Untersuchungen zu veranlassen. Gleiches gilt für notwendig erscheinende psychologische Untersuchungen (§ 62 SGB I). 371

Am meisten in die Pflicht genommen ist der Arbeitnehmer, wenn es gilt, die Anwartschaftszeit nachzuweisen. Seine Erklärung, innerhalb eines bestehenden Zeitraumes in bestimmtem Umfang gegen Entgelt gearbeitet zu haben, genügt nicht. Diese Angaben sind von ihm gemäß § 60 SGB I unter Verwendung amtlicher Vordrucke glaubhaft zu machen. Da er dazu ohne Mitwirkung seines früheren Arbeitgebers nicht imstande ist, wurde dieser in § 133 AFG (§ 312 SGB III) verpflichtet, die Beschäftigung zu bescheinigen. Eine solche Arbeitsbescheinigung wird auch benötigt, um Beginn und Umfang des Alg-Anspruchs zu belegen. 372

Nach Antragstellung bzw. Zuerkennung des Alg ist der Arbeitslose verpflichtet, Veränderungen in seinen Verhältnissen, die für den Leistungsbezug erheblich sind, unverzüglich anzuzeigen. Dabei kann davon ausgegangen werden, daß alle Umstände, zu welchen bei der Antragstellung 373

II. Arbeitslosengeld

etwas erklärt worden ist oder die durch Bescheinigung nachgewiesen worden sind, für die Leistungszahlung bedeutsam sind (§ 60 Abs. 1 Nr. 2 SGB I).

374 Neben den auch beim Bezug sonstiger Sozialleistungen selbstverständlichen Mitwirkungspflichten des Anspruchsberechtigten sind Arbeitslose, die Alg beantragt haben oder beziehen, verpflichtet, sich auf Verlagen des Arbeitsamtes dort zu melden oder an einer Maßnahme der Arbeitsberatung teilzunehmen. Eine freiwillige Meldung wird nicht verlangt. Eine regelmäßige Vorsprache in kurzen Zeitabständen darf nur verlangt werden, wenn besondere Sachverhalte vorliegen (§ 132 Abs. 1 Satz 2 AFG/§ 309 SGB III).

375 Nach § 2 der aufgrund des § 132 Abs. 2 AFG ergangenen Meldeanordnung vom 14. Dezember 1972 (Amtliche Nachrichten der Bundesanstalt für Arbeit 1973, S. 245) muß der Arbeitslose nur dann einer Meldeaufforderung nachkommen, wenn sein Erscheinen beim Arbeitsamt zur Vermittlung in eine berufliche Ausbildungsstelle oder in Arbeit erforderlich ist bzw. wenn die Teilnahme an einer Maßnahme der beruflichen Bildung vorbereitet oder eine leistungsrechtliche Angelegenheit erörtert werden soll. Die Meldung hat dann grundsätzlich persönlich zum vorgegebenen Zeitpunkt am vorbestimmten Ort stattzufinden.

Folgen der Verletzung der Mitwirkungspflicht:

376 Kommt der Arbeitslose einer Meldeaufforderung nach § 132 AFG (§ 309 SGB III) ohne wichtigen Grund nicht nach und war er über die rechtlichen Folgen dieses Verhaltens belehrt, ruht sein Leistungsanspruch für 2 Wochen (§ 120 Abs. 1 AFG/§ 145 Abs. 1 SGB III) mit der Folge, daß sich auch der Leistungsanspruch entsprechend verringert (§ 110 Abs. 1 Nr. 3 AFG/§ 128 Abs. 1 Nr. 5 SGB III). Dies gilt auch, wenn er trotz Belehrung ohne wichtigen Grund die Teilnahme an einer Maßnahme der Arbeitsberatung unterbricht oder schuldhaft den Ausschluß aus der Maßnahme bewirkt.

377 Wird innerhalb von 2 Wochen ein weiterer Meldetermin ohne wichtigen Grund versäumt und war insoweit Rechtsfolgenbelehrung erteilt worden, verlängert sich die Säumniszeit von 2 Wochen bis zum Tag der Vorsprache, mindestens aber um 4 Wochen (§ 120 Abs. 2 AFG/§ 145 Abs. 2 SGB III).

4. Verfahren

Wäre eine Säumniszeit im Normalmaß nach den für ihren Eintritt maßgebenden Tatsachen unbillig hart, umfaßt sie im Falle des Abs. 1 nur eine Woche. Eine "zweite" Säumniszeit i. S. v. § 120 Abs. 2 AFG darf bei gleicher Sachlage 4 Wochen nicht übersteigen (§ 145 Abs. 3 SGB III). 378

Entsprechend der Dauer der Säumniszeit mindert sich auch der Leistungsanspruch. Um Arbeitslose aber in ihrem sozialen Besitzstand nicht zu stark zu belasten, baut sich die Dauer des Alg-Anspruches längstens um 8 Wochen, also um 48 Tage, ab, wenn der Arbeitslose während eines längeren Zeitraumes nicht beim Arbeitsamt vorspricht (§ 110 Nr. 3 AFG/ § 128 Abs. 1 Nr. 5 SGB III). 379

Ist der Arbeitnehmer/Arbeitslose nicht bereit oder in der Lage, das Bestehen eines Alg-Anspruches nachzuweisen, kann ihm nach § 66 SGB I die begehrte Leistung versagt oder entzogen werden. Wurde eine wesentliche Veränderung in den Verhältnissen nicht unverzüglich angezeigt und Alg ganz oder teilweise zu Unrecht gezahlt, wird der bewilligende Verwaltungsakt - in der Regel rückwirkend - aufgehoben und gegebenenfalls Erstattung der überzahlten Leistungen verlangt (§§ 45, 48 und 50 SGB X). 380

Je nach Sachverhalt wird außerdem Strafanzeige erstattet (§ 263 StGB) oder ein Verfahren nach dem Ordnungswidrigkeitsgesetz eingeleitet. Die Ordnungswidrigkeit kann mit Geldbuße bis zu DM 1 000 (3 000), bei vorwerfbar verspätet angezeigter Arbeitsaufnahme bis zu DM 5 000 (10 000) geahndet werden (§ 231 AFG/§ 404 SGB III). 381

b) Pflichten des Arbeitgebers/Konkursverwalters

Der Arbeitslose ist in der Regel nicht in der Lage, aus eigener Kraft das Bestehen des Leistungsanspruchs glaubhaft zu machen. Während die Dauer der beitragspflichtigen Beschäftigung unter Umständen durch eine Bescheinigung der für die Einziehung der Beiträge zu der Bundesanstalt für Arbeit zuständigen Krankenkasse belegt werden kann, ist der Umfang eines Alg-Anspruches nur nachzuweisen, wenn dem Arbeitslosen die Entgeltzahlung als solche und die Höhe des Verdienstes bescheinigt wird. Auch die für den Beginn der Leistungszahlung maßgeblichen Tatsachen kann er selbst nicht offenlegen. Um diese Schwierigkeiten zu umgehend, wurde in § 133 Abs. 1 AFG (§ 312 Abs. 1 SGB III) der Arbeitgeber und im Insolvenzfall der Konkursverwalter verpflichtet, bei Beendigung eines Beschäftigungsverhältnisses unter Verwendung amtlicher Vordrucke alle Tatsachen zu bescheinigen, die für die Entscheidung über einen Alg-Anspruch erheblich sein können. 382

II. Arbeitslosengeld

383 Die Pflicht zur Ausstellung einer Arbeitsbescheinigung entsteht nicht erst bei Beendigung der arbeitsrechtlichen Beziehung, sondern bereits dann, wenn infolge fehlender (einseitiger) Arbeitsbereitschaft Arbeitslosigkeit i. S. d. § 101 AFG (§ 118 SGB III) ausgelöst wird (siehe Teil II Nr. 1 b, aa). Was im Einzelfall für den Leistungsanspruch erheblich sein kann, läßt sich oft nicht vorhersehen. Es ist deshalb ratsam, den von der Bundesanstalt für Arbeit hierfür aufgelegten Vordruck grundsätzlich vollständig auszufüllen.

384 Ist bei Beendigung des Beschäftigungsverhältnisses allerdings bekannt, daß der Arbeitnehmer für die sich anschließende Zeit Alg nicht beantragen will, brauchen nur Beginn, Ende und eventuelle Unterbrechungen der Beschäftigung von mehr als 4 Wochen Dauer bescheinigt zu werden. Die Umstände, die zur Beendigung der Beschäftigung geführt haben, das bisher erzielte Arbeitsentgelt, die dazu aufgewendete Arbeitszeit sowie eventuelle weitere Ansprüche aus dem Arbeitsverhältnis sind in einem derartigen Fall unerheblich, so daß für deren Offenlegung keine Notwendigkeit besteht.

385 Nach § 133 Abs. 1 Satz 5 AFG (§ 312 Abs. 1 Satz 3 SGB III) ist dem Arbeitnehmer bei jeder Beendigung einer Beschäftigung unaufgefordert eine ausgefüllte Arbeitsbescheinigung auszuhändigen. Weil diese Verpflichtung sehr oft nicht beachtet wird, entstehen bei der Bearbeitung von Leistungsanträgen immer wieder Verzögerungen und damit unnötige Verwaltungskosten.

386 Wegen der Herausgabe von Arbeitspapieren ist nach § 2 Abs. 1 Nr. 3 e Arbeitsgerichtsgesetz die Zuständigkeit der Arbeitsgerichte gegeben. Zu diesen Papieren wird auch die gemäß § 133 Abs. 1 AFG (§ 312 Abs. 1 SGB III) zu erstellende Arbeitsbescheinigung gezählt (NJW 1979, 1330).

387 Ebenso wie der Arbeitslose seinen Leistungsanspruch dem Grunde nach nur glaubhaft machen kann, wenn sein früherer Arbeitgeber seiner Verpflichtung aus § 133 AFG (§ 312 SGB III) nachkommt, kann er das Fortbestehen des Anspruchs und dessen Umfang im Falle einer kurzzeitigen Beschäftigung nur mit Hilfe des Arbeitgebers nachweisen. In § 143 Abs. 1 AFG (§ 313 Abs. 1 SGB III) werden deshalb Arbeitgeber und gegebenenfalls Konkursverwalter verpflichtet, auf Verlangen des Arbeitslosen, Art und Umfang der von ihm verrichteten Tätigkeit sowie das dabei erzielte Entgelt zu bescheinigen. Auch dafür sind die von der Bundesanstalt für Arbeit vorgesehenen Vordrucke zu verwenden.

4. Verfahren

Sowohl Arbeitsbescheinigungen gemäß § 133 AFG (§ 312 SGB III) als auch Bescheinigungen über Nebeneinkommen gemäß § 143 AFG (§ 313 SGB III) werden immer wieder unvollständig oder widersprüchlich ausgefüllt. Gelegentlich wird auch die Richtigkeit der Angaben vom Arbeitslosen bestritten. Um sachgerecht entscheiden zu können, ist die Bundesanstalt für Arbeit verpflichtet, den wahren Sachverhalt festzustellen. § 144 AFG (§ 315 SGB III) ermächtigt sie zu entsprechenden Ermittlungen. Arbeitgeber/Konkursverwalter müssen daher Einsicht in Geschäftsunterlagen geben. Diese Verpflichtung geht jedoch nur so weit, wie die Bundesanstalt für Arbeit im Einzelfall zur Feststellung eines Anspruchs Informationen benötigt.

388

Nach § 150a AFG (§ 304 SGB III) steht der Bundesanstalt für Arbeit das Recht zu, zur Aufdeckung von mißbräuchlicher Inanspruchnahme von Leistungen nach dem AFG und illegaler Ausländerbeschäftigung, Außenprüfungen in Betrieben durchzuführen. In diesem Zusammenhang haben Arbeitgeber/Konkursverwalter Vertretern der Bundesanstalt für Arbeit zu gestatten, Grundstücke und Betriebsräume während der üblichen Betriebszeiten zu betreten und zu besichtigen. Außerdem muß Einsicht in Geschäftsunterlagen gewährt sowie zugelassen werden, daß die Personalien der Beschäftigten überprüft werden.

389

Falls der Arbeitgeber die erforderlichen Daten in automatisierten Dateien gespeichert hat, muß er sie auf Verlangen und auf Kosten der Bundesanstalt für Arbeit aus den Datenbeständen aussondern und auf maschinenverwertbaren Datenträgern oder in Form von Listen zur Verfügung stellen.

390

Verstöße gegen die Pflichten nach §§ 133, 143, 144 und 150a AFG (§§ 306 und 312 - 315 SGB III) sind gemäß § 230 Abs. 1 Nr. 5, 7, 9, 11 und 12 AFG (§ 404 Abs. 1 Nr. 14 - 20 SGB III) mit Geldbuße bis zu DM 1 000 (3000), im Falle der Nr. 11 und 12 (Nr. 14 und 15) (Außenprüfungen nach § 150a - §§ 304/305 SGB III) bis zu DM 50 000, bedroht. Im Extremfall kann sogar wegen Mithilfe zum Betrug Strafanzeige erstattet werden. Darüber hinaus kann die Mitwirkung des Arbeitgebers im Rahmen des Verwaltungsvollstreckungsgesetzes erzwungen werden. Nach §§ 21 und 22 SGB X kann schließlich eine eidliche Vernehmung durch das Sozialgericht angeordnet werden.

391

Außer der Ahndung als Ordnungswidrigkeit oder Straftat oder der Betreibung des Verwaltungszwangsverfahrens kann die Verletzung der Mitwirkungspflicht eine Schadensersatzforderung der Bundesanstalt für Arbeit

392

II. Arbeitslosengeld

zur Folge haben (§ 145 AFG/§ 321 SGB III). Bereits fahrlässiges Handeln kann dies auslösen. Da die Bundesanstalt für Arbeit zu ihren Vordrucken regelmäßig Hinweise für deren Ausfüllung zur Verfügung stellt und Beschäftigte der Arbeitsämter zur Klärung eventueller Zweifel zur Verfügung stehen, wird eine falsch ausgefüllte Arbeits- bzw. Verdienstbescheinigung regelmäßig wenigstens auf Fahrlässigkeit zurückzuführen sein. Allerdings dürfen grundsätzlich keine Angaben verlangt werden, die eine eigene rechtliche Wertung voraussetzen.

> BSG, Urt. v. 11. 1. 1988 - 7 RAr 88/87,
> BSGE 64, 233 = SozR 4100 Nr. 145 Nr. 4;
> dazu EWiR 1989, 627 (Gagel).

393 Voraussetzung für die Verpflichtung des Arbeitgebers/Konkursverwalters, einen der Bundesanstalt für Arbeit entstandenen Schaden zu ersetzen, ist, daß ein adäquater Kausalzusammenhang zwischen Pflichtverletzung und Schaden besteht. Dieser wird auch bejaht, wenn der mit der Bearbeitung der Sache betraute Beschäftigte der Bundesanstalt für Arbeit den aufgetretenen Fehler hätte erkennen können. Anlaß zu weiteren Feststellungen hat die Bundesanstalt für Arbeit nur dann, wenn ihr die Fehlerhaftigkeit bescheinigter Angaben den gegebenen Umständen nach nicht nur als möglich, sondern als wahrscheinlich erscheinen muß. Unterlassene weitere Ermittlungen können aber ein Mitverschulden der Bundesanstalt für Arbeit begründen, das gegebenenfalls nach § 254 Abs. 1 BGB den Schadenersatzanspruch mindert.

> BSG, Urt. v. 20. 10. 1983 - 7 RAr 41/82,
> BSGE 56, 20.

394 Der Schaden der Bundesanstalt für Arbeit kann darin bestehen, daß dem Arbeitslosen zu Unrecht Leistungen gewährt wurden und im Zusammenhang damit Beiträge zur Kranken- und Unfallversicherung unrechtmäßig abgeführt wurden. Darüber hinaus können aber auch Ersatz der entstandenen Verwaltungskosten und ein eventueller Zinsverlust verlangt werden.

5. Anspruchsübergänge

a) Erstattung von Arbeitslosengeld

395 Wie bereits festgestellt, ruht der Anspruch auf Alg, wenn aus dem letzten Arbeitsverhältnis für Zeiten bestehender Arbeitslosigkeit Entgelt bzw. - unter bestimmten Voraussetzungen - wenn eine Abfindung gezahlt wor-

5. Anspruchsübergänge

den ist. Der Ruhentatbestand ist bereits dann gegeben, wenn das Entgelt bzw. die Abfindung beansprucht werden kann. Weil der Sinn der Vorschrift, nämlich die Gewährung zweier Leistungen für den Lebensunterhalt für ein und denselben Zeitraum zu verhindern, nicht erreicht werden kann, solange der Anspruch aus dem Arbeitsverhältnis nicht erfüllt wird, bestimmt § 117 Abs. 4 AFG, daß trotz des Ruhentatbestandes nach Absatz 1 oder 2 Alg zu zahlen ist. Die so erbrachte Leistung ist kein Arbeitsentgelt, sondern (rechtmäßig) gezahltes Alg. In Höhe des Alg wird jedoch für den Arbeitgeber vorgeleistet. Der Entgeltanspruch des faktisch arbeitslosen Arbeitnehmers geht in diesem Umfang auf die Bundesanstalt für Arbeit über.

>BSG, Urt. v. 29. 8. 1991 - 7 RAr 130/90,
>NZA 1992, 387.

Im Insolvenzfall beschränkt sich bei Masseunzulänglichkeit der Anspruch der Bundesanstalt für Arbeit auf die Höhe des Restlohnanspruchs des Arbeitnehmers. Nach § 115 SGB X ist dieser Anspruch auf die Höhe des für den jeweiligen Zeitraum gezahlten Alg begrenzt. **396**

Der Forderungsübergang ist von der Mitwirkung des Arbeitslosen unabhängig. Mit jeder Alg-Zahlung wird die Bundesanstalt für Arbeit insoweit anstelle des Arbeitslosen Gläubiger. Allerdings kann der Arbeitslose diesen Anspruchsübergang wesentlich beeinflussen. Soweit es in einem Kündigungsprozeß um die Beendigung des Arbeitsverhältnisses geht, kann er nämlich den Zeitpunkt seines Ausscheidens frei bestimmen. **397**

>BAG, Urt. v. 29. 8. 1968 - 5 AZR 426/68,
>Dbl R der BA Nr. 1409 zu § 96 AVAVG.

Durch eine entsprechende Vereinbarung begrenzt der Arbeitslose also rechtswirksam seinen Entgeltanspruch und damit einen eventuellen Ruhenstatbestand nach § 117 Abs. 1 AFG. Ebenso verhält es sich mit einer Abfindung. Auch insoweit kann der Arbeitnehmer/Arbeitslose durch Vereinbarung im Kündigungsschutzprozeß einen eventuellen Anspruchsübergang rechtsverbindlich beeinflussen. Besteht aber eine Anspruch i. S. d. § 117 Abs. 1 AFG i. V. m. § 115 SGB X oder i. S. d. § 117 Abs. 2 AFG, geht dieser im Falle des § 117 Abs. 4 AFG auf die Bundesanstalt für Arbeit über. Einer besonderen Anzeige beim Arbeitgeber bedarf es nicht. **398**

II. Arbeitslosengeld

399 Problematisch erscheint allerdings die Rechtslage, wenn nach fristloser Kündigung im Arbeitsgerichtsverfahren eine einvernehmliche Beendigung des Arbeitsverhältnisses zu einem späteren Zeitpunkt vereinbart wird und "zum Ausgleich aller gegenseitigen Ansprüche der Parteien aus dem Arbeitsverhältnis und aus Anlaß seiner Beendigung" unter Hinweis auf §§ 9, 10 KSchG lediglich eine Abfindung gezahlt wird.

400 Eine derartige, den Rechtsstreit zwischen Arbeitgeber und Arbeitnehmer beendende Vereinbarung birgt das Risiko in sich, daß die konkreten Umstände, die zur Kündigung veranlaßt haben, im Zusammenhang mit einer eventuellen Erstattung auf Alg aufgeklärt werden müssen.

401 Der Erstattungsanspruch der Bundesanstalt für Arbeit setzt voraus, daß der arbeitslose Arbeitnehmer seinerseits einen Entgeltanspruch besitzt. Zunächst wird ein solcher Anspruch angenommen, wenn nach der Kündigung Klage beim Arbeitsgericht erhoben und die Arbeitskraft angeboten wird. Im konkreten Einzelfall besteht aber durchaus die Möglichkeit, daß die fristlose Kündigung zu Recht ausgesprochen worden ist und der Arbeitnehmer keinen Entgeltanspruch hatte, obwohl das Ende des Arbeitsverhältnisses nachträglich einvernehmlich auf einen späteren Zeitpunkt festgesetzt worden ist. In diesem Fall besteht auch über § 615 BGB kein Erstattungsanspruch der Bundesanstalt für Arbeit gemäß § 117 Abs. 4 AFG.

> BAG, Urt. v. 15. 2. 1984 - 2 AZR 29/83,
> Dbl R der BA Nr. 3021 zu § 117 AFG.

402 Muß nach den Umständen des Einzelfalles davon ausgegangen werden, daß ein Entgeltanspruch nach § 615 BGB bestanden hat, kann der Arbeitnehmer über diesen Anspruch insoweit nicht mehr verfügen, als nach § 117 Abs. 4 AFG Alg gezahlt worden ist. Wird dennoch vereinbart, daß für die Dauer der ordentlichen Kündigungsfrist kein Entgelt zu zahlen ist und zahlt der Arbeitgeber eine gleichzeitig vereinbarte Abfindung an den Arbeitnehmer aus, läuft er Gefahr, daß er von der Bundesanstalt für Arbeit zur Erstattung des auf sie übergegangenen Anspruches zusätzlich herangezogen wird.

403 Der Arbeitgeber ist berechtigt, zur Erfüllung des Erstattungsanspruches der Bundesanstalt für Arbeit den übergegangenen Anteil von der vereinbarten Abfindung einzubehalten. Soll dem Arbeitnehmer die im Kündigungsschutzprozeß vereinbarte Abfindung ungekürzt gezahlt werden, muß dies ausdrücklich vereinbart werden.

5. Anspruchsübergänge

BAG, Urt. v. 25. 3. 1992 - 5 AZR 254/91,
NZA 1992, 1081;
dazu EWiR 1992, 833 (Ackmann).

Erfüllt der Arbeitgeber den Entgeltanspruch, ohne von dem Anspruchs- **404**
übergang zu wissen, kann er durch die Bundesanstalt für Arbeit nicht
mehr in Anspruch genommen werden. Dabei ist unerheblich, ob das Arbeitsamt noch nicht über den Alg-Antrag entschieden oder den Anspruchsübergang lediglich nicht angezeigt hat. Eine zu Unrecht erbrachte Leistung aus der Arbeitslosenversicherung kann dann nur vom Arbeitslosen zurückverlangt werden. Gleiches gilt, wenn nicht der Arbeitslose, sondern ein Dritter (Gläubiger) das aus dem Arbeitsverhältnis noch zu zahlende Geld erhalten hat.

BAG, Urt. v. 13. 1. 1982 - 5 AZR 546/79,
Dbl R der BA Nr. 2728 zu § 117 AFG
und
BSG, Urt. v. 3. 3. 1993 - 11 RAr 57/92,
SozR 3-4100 § 117 Nr. 10;
dazu EWiR 1993, 1145 (Steinmeyer).

Ist dem Arbeitgeber der Anspruchsübergang bekannt, darf er an den Ar- **405**
beitslosen jedoch nicht mehr mit befreiender Wirkung zahlen. Wird dennoch gezahlt, haftet der Arbeitgeber im Rahmen des § 117 Abs. 4 AFG alleine. Allerdings kann unter Umständen auch der Arbeitnehmer/Arbeitslose erstattungspflichtig sein, weil er nach Bewilligung des Alg Einkommen erzielt hat, das zum Wegfall des Zahlungsanspruchs geführt haben würde (§ 48 Abs. 1 Satz 2 Nr. 3 AFG).

Der Arbeitgeber ist berechtigt, gegenüber der Bundesanstalt für Arbeit in **406**
dem Umfang mit Gegenforderungen aufzurechnen, wie er dies gegenüber dem jetzt Arbeitslosen gedurft hätte. Soweit eine Entgeltforderung des Arbeitnehmers nicht pfändbar ist, kann ihr gegenüber auch nicht aufgerechnet werden.

BAG, Urt. v. 28. 6. 1984 - 2 AZR 207/83,
Dbl R der BA Nr. 2839 zu § 117 AFG.

Im Insolvenzfall steht der Bundesanstalt für Arbeit aufgrund übergegan- **407**
genen Entgeltanspruchs Kaug zu. Als alleinige Inhaberin des bestehenden Entgeltanspruchs ist insoweit nur die Bundesanstalt für Arbeit berechtigt, das Kaug zu beantragen. Dieser Antrag ist regelmäßig als gestellt zu betrachten, da die Bundesanstalt für Arbeit sowohl das Alg als auch das

II. Arbeitslosengeld

Kaug zahlt. Mit dem Insolvenzereignis tritt ein Anspruchsübergang von der einen Leistungsart zur anderen ein; die Verrechnung erfolgt verwaltungsintern.

408 Im Falle einer zustehenden Abfindung ist die Rechtslage nur dann vergleichbar klar, wenn der Anspruch nicht erfüllt werden kann. Alg ist dann gemäß § 117 Abs. 4 AFG zu zahlen.

409 Wird die Abfindung aber teilweise gezahlt, darf das Alg auch nur zum Teil ruhen, so daß auch bei Leistung nach § 117 Abs. 4 AFG nur ein Teil der Abfindung auf die Bundesanstalt für Arbeit übergegangen ist.

410 Sobald der Anspruch der Bundesanstalt für Arbeit befriedigt ist, gilt der Alg-Anspruch insoweit nicht als verbraucht. Die Restanspruchsdauer (§ 106 AFG) erhöht sich daher entsprechend, was im Insolvenzfall uneingeschränkt gilt.

b) Erstattung von Beiträgen zur Sozialversicherung

411 Bezieher von Alg sind nach § 155 AFG für den Fall der Krankheit versichert. Die Beiträge trägt die Bundesanstalt für Arbeit (§ 157 AFG). In der Rentenversicherung stellt der Bezug von Alg nach § 58 SGB VI eine Anrechnungszeit dar. Die Bundesanstalt für Arbeit hat deshalb nach § 170 SGB VI für Alg-Bezieher auch Rentenversicherungsbeiträge zu zahlen. Im Falle einer Leistungszahlung gemäß § 117 Abs. 4 AFG wird die Versichertengemeinschaft also nicht nur durch die Zahlung von Alg, sondern auch durch die Beiträge zur Kranken- und Rentenversicherung belastet. Die Erstattung des Alg stellt daher nur eine unvollständige Entlastung der Bundesanstalt für Arbeit dar.

412 Durch §§ 160 Abs. 1 und 166a AFG wird der Bundesanstalt für Arbeit deshalb gegenüber dem Arbeitgeber ein originärer Anspruch auf Erstattung der von ihr im Falle des § 117 Abs. 4 AFG geleisteten Beiträge zur Kranken- und Rentenversicherung eingeräumt. Dieser Anspruch ist kein Erstattungsanspruch im eigentlichen Sinne, sondern ein Ersatzanspruch, der mit der Entrichtung der Beiträge durch die Bundesanstalt für Arbeit an die jeweilige Krankenkasse entsteht.

> BSG, Urt. v. 13. 9. 1979 - 12/7 RAr 108/78,
> ZIP 1980, 201 = Breithaupt 1980, S. 604.

5. Anspruchsübergänge

Die Erstattungspflicht des Arbeitgebers ist in doppelter Hinsicht der Höhe **413**
nach beschränkt. Einerseits ist der Umfang der von der Bundesanstalt für
Arbeit geleisteten Krankenversicherungsbeiträge, andererseits die Höhe
der vom Arbeitgeber bei Fortbestehen des Arbeitsverhältnisses, eventuell
unter Berücksichtigung der Lohnfortzahlungspflicht, an die Krankenkasse
zu entrichtenden Beiträge zu berücksichtigen.

BSG, Urt. v. 23. 11. 1979 - 12/7 RAr 76/78,
Breithaupt 1980, S. 713.

In dem Umfang, wie der Arbeitgeber der Bundesanstalt für Arbeit Bei- **414**
träge zur Krankenversicherung zu erstatten hat, wird er nach § 160
Abs. 1 Satz 2 AFG von seiner eigenen Verpflichtung befreit, Beiträge zu
diesem Versicherungszweig zu entrichten. Die Krankenkasse kann also
für den in Betracht kommenden Zeitraum vom Arbeitgeber nur noch
einen gegebenenfalls verbleibenden Differenzbetrag fordern.

Nach § 160 Abs. 1 Satz 3 AFG hat der Arbeitgeber auch bei den nicht **415**
krankenversicherungspflichtigen Beschäftigten der Bundesanstalt für Arbeit die von ihr nach § 117 Abs. 4 AFG geleisteten Krankenversicherungsbeiträge zu erstatten, soweit er für dieselbe Zeit zur Zahlung eines
Zuschusses zur Krankenversicherung nach § 257 SGB V verpflichtet gewesen wäre. Auch insoweit wird er von der Verpflichtung zur Zahlung
des Zuschusses befreit. Dies gilt nicht nur für die bei einem privaten Unternehmen versicherten Angestellten. Nach dem Zweck der Vorschrift ist
auch bei den bis zum Beginn des Alg-Bezuges in der gesetzlichen Krankenversicherung freiwillig versicherten Angestellten entsprechend zu verfahren, obgleich die Krankenversicherung aufgrund des Alg-Bezuges die
freiwillige Versicherung verdrängt hat und der Arbeitgeber damit nicht
zur Zahlung eines Zuschusses verpflichtet wäre. Versicherungs- und beitragsrechtlich soll aber der Zustand hergestellt werden, der bei klarer
Rechtslage von Anfang an gegolten hätte.

BSG, Urt. v. 25. 9. 1981 - 12 RK 58/80,
SozR 2200 § 405 Nr. 10.

Im Insolvenzfall gestaltet sich die beitragsrechtliche Situation schwieriger. **416**
Im Falle gleichzeitiger Gewährung von (zunächst) Alg und (später) Kaug
hat die Bundesanstalt für Arbeit sowohl nach §§ 155 und 157 AFG als
auch nach § 141n AFG Beiträge zur Kranken- und Rentenversicherung zu
zahlen. Gegenüber dem Konkursverwalter hat sie jedoch keinen Erstattungsanspruch. Der Anspruch aus §§ 160, 166a AFG wird für Zeiten, in

II. Arbeitslosengeld

denen Kaug zu zahlen ist, von der speziellen Regelung des § 141n AFG verdrängt. Nach Absatz 2 dieser Vorschrift bleibt der Beitragsanspruch der Einzugsstelle gegen den Konkursverwalter bestehen.

417 Die Bundesanstalt für Arbeit hat nur einen Anspruch auf Abführung der von der Krankenkasse eingezogenen Beiträge.

> BSG, Urt. v. 22. 4. 1986 - 10 RAr 12/85,
> SozR 4100 § 160 Nr. 6;
> dazu EWiR 1986, 741 (Plagemann).

418 Für Zeiten nach Eröffnung des Konkursverfahrens hat die Bundesanstalt für Arbeit wegen der von ihr entrichteten Beiträge nach §§ 160 und 166a AFG gegen den Konkursverwalter einen Erstattungsanspruch, der als Masseforderung nach § 59 Abs. 1 Nr. 2 Alt. 2 KO zu berücksichtigen ist. Obwohl sich der Anspruch der Bundesanstalt für Arbeit nicht unmittelbar aus dem Arbeitsvertrag ergibt, handelt es sich um einen Anspruch aus einem zweiseitigen Vertrag, dessen Erfüllung für die Zeit nach der Eröffnung des Konkursverfahrens erfolgen muß.

> BSG, Urt. v. 22. 4. 1986 - 10 RAr 7/85,
> ZIP 1986, 853;
> dazu EWiR 1986, 825 (Plagemann).

Entscheidungsregister

Bundesverfassungsgericht

Datum/Aktenzeichen	Fundstellen	Randzahl
13.06.1983 - 1 BvR 1239/82	SozR 4100 § 119 Nr. 22	340

Bundesgerichtshof

Datum/Aktenzeichen	Fundstellen	Randzahl
31.05.1954 - GSZ 2/54	BGHZ 13, 360 = NJW 1954, 1153	179
12.06.1968 - VIII ZR 92/66	BGHZ 50, 242 = NJW 1968, 2106	23
28.04.1980 - II ZR 254/78	BGHZ 77, 94 = ZIP 1980, 453 = AP Nr. 1 zu § 17 BetrAVG (Anm. Beitzke) = DB 1980, 1434 = NJW 1980, 2254 = WM 1980, 709	4
04.07.1985 - IX ZR 172/84	ZIP 1985, 1156 = BB 1985, 1818 = NJW 1985, 2643 = WM 1985, 1272; dazu EWiR 1985, 859 (Schwerdtner)	117
04.12.1986 - IX ZR 47/86	BGHZ 99, 151 = ZIP 1987, 115 = BB 1987, 574 = DB 1987, 826 KTS 1987, 275 = NJW 1987, 844 = WM 1987, 144	150
21.12.1989 - IX ZR 66/89	ZIP 1990, 318 = NJW 1990, 1665 = WM 1990, 529; dazu EWiR 1990, 393 (Marotzke)	100

AG Siegburg

Datum/Aktenzeichen	Fundstellen	Randzahl
03.09.1987 - 7 C 171/87	NJW-RR 1989, 155	134

Bundesarbeitsgericht

Datum/Aktenzeichen	Fundstellen	Randzahl
29.08.1968 - 5 AZR 426/68	Dbl R der BA Nr. 1409 zu § 96 AVAVG	397
04.06.1977 - 5 AZR 663/75	BAGE 29, 211 = AP Nr. 4 zu § 59 (Anm. Zeuner) = BB 1977, 1351 = NJW 1978, 182	118, 132, 163
21.05.1980 - 5 AZR 337/78	BAGE 33, 113 = ZIP 1980, 666 = AP Nr. 9 zu § 59 KO (Anm. Uhlenbruck)	94
21.05.1980 - 5 AZR 441/78	ZIP 1980, 784 = NJW 1981, 79 = AP Nr. 10 zu § 59 KO (Anm. Uhlenbruck)	95, 105

Entscheidungsregister

Datum/Aktenzeichen	Fundstellen	Randzahl
13.08.1980 - 5 AZR 588/78	BAGE 34, 101 = ZIP 1980, 1067 = AP Nr. 11 zu § 59 KO = WM 1981, 256	81
11.09.1980 - 3 AZR 544/79	BAGE 34, 146 = ZIP 1981, 307 = DB 1981, 1141 = WM 1981, 750	38
13.01.1982 - 5 AZR 546/79	Dbl R der BA Nr. 2728 zu § 117 AFG	404
10.02.1982 - 5 AZR 936/79	BAGE 38, 1 = ZIP 1982, 1105 = AP Nr. 1 zu § 141m AFG (Anm. Brackmann) = DB 1982, 2304 = NJW 1983, 592	162
15.02.1984 - 2 AZR 29/83	Dbl R der BA Nr. 3021 zu § 117 AFG	401
28.06.1984 - 2 AZR 207/83	Dbl R des BA Nr. 2839 zu § 117 AFG	406
28.06.1984 - 6 AZR 521/81	BAGE 46, 224 = BB 1984, 2133 = AP Nr. 18 zu § 7 BUrlG - Abgeltung (Anm. Kraft) = NZA 1985, 156	109
18.12.1984 - 1 AZR 588/82	BAGE 47, 343 = ZIP 1985, 754 = DB 1985, 658; dazu EWiR 1985, 247 (J.-H. Bauer)	160
17.04.1985 - 5 AZR 74/84	BAGE 48, 229 = ZIP 1985, 1405 = AP Nr. 15 zu § 611 BGB - Lohnanspruch = NJW 1986, 1066 = NZA 1986, 191; dazu EWiR 1985, 823 (Theobald)	168, 176
04.06.1985 - 3 AZR 355/83	ZIP 1986, 657 = AP Nr. 19 zu § 61 KO; dazu EWiR 1986, 393 (Grunsky)	96
27.06.1985 - 2 AZR 425/84	ZIP 1986, 1213 = AP Nr. 2 zu § 1 AngKSchG = NZA 1986, 794; dazu EWiR 1986, 903 (Miller)	8, 10
15.05.1987 - 8 AZR 506/85	ZIP 1987, 1266 = BB 1987, 1954 = AP Nr. 35 zu § 7 BUrlG - Abgeltung (Anm. Uhlenbruck) = NZA 1988, 58	107
25.10.1988 - 3 AZR 64/87	ZIP 1989, 259 = AP Nr. 46 zu § 7 BetrAVG = DB 1989, 278 = NZA 1989, 177; dazu EWiR 1990, 327 (Miller)	15
25.03.1992 - 5 AZR 254/91	DB 1992, 1891 = NZA 1992, 1081; dazu EWiR 1992, 833 (Ackmann)	403
17.11.1992 - 3 AZR 51/92	BAGE 71, 364 = ZIP 1993, 696 = BB 1993, 943 = DB 1993, 986 = KTS 1993, 480 = NJW 1994, 276; dazu EWiR 1993, 541 (Schaub)	137
19.01.1993 - 9 AZR 8/92	NZA 1993, 798	114

Entscheidungsregister

LAG Schleswig-Holstein

Datum/Aktenzeichen	Fundstellen	Randzahl
19.09.1995 - 1 Sa 460/95	ZIP 1995, 1687; dazu EWiR 1995, 1041 (Peters-Lange)	161

ArbG Herne

Datum/Aktenzeichen	Fundstellen	Randzahl
28.07.1993 - 4 Ca 3498/92	ZIP 1993, 1487	82

Bundessozialgericht

Datum/Aktenzeichen	Fundstellen	Randzahl
21.04.1961 - 7 RAr 40/59	BSGE 14, 164	238
27.06.1961 - 7 RAr 3/61	Breithaupt 1962, S. 85	334
09.05.1963 - 7 RAr 44/61	Breithaupt 1964, S. 1004	356, 357
18.02.1964 - 11/1 RAr 239/60	BSGE 20, 169	238
17.07.1964 - 7 RAr 4/64	Breithaupt 1965, S. 152	354
10.03.1969 - 7 RAr 57/68	Dbl R der BA Nr. 1442 zu § 78 AVAVG	340
05.05.1970 - 7 RAr 65/68	Breithaupt 1970, 1041	247, 248
15.07.1971 - 7 RAr 60/68	Dbl R der BA Nr. 1671 zu § 76 AVAVG	247
19.12.1973 - 7 RAr 10/72	Dbl R der BA Nr. 1781 zu § 103 AFG	250
17.12.1975 - 7 RAr 17/75	BSGE 41, 121	27
21.07.1977 - 7 RAr 38/76	SozR 4100 § 103 Nr. 8	277
30.11.1977 - 12 RAr 99/76	BSGE 45, 191 = AP Nr. 3 zu § 141b AFG	102, 105
14.02.1978 - 7 RAr 57/76	SozR 4100 § 117 Nr. 2	317
21.03.1978 - 7 RAr 95/76	SozR 4100 § 112 Nr. 7	305
08.03.1979 - 12 RAr 53/77	BB 1979, 1609	48
19.06.1979 - 7 RAr 12/78	SozR 4100 § 103 Nr. 23	249
17.07.1979 - 12 RAr 15/78	BSGE 48, 269 = ZIP 1980, 126 = SozR 4100 § 141 Nr. 11	36, 164
04.09.1979 - 7 RAr 51/78	Dbl R der BA Nr. 2547 zu § 104 AFG	241
13.09.1979 - 12/7 RAr 108/78	Breithaupt 1980, S. 604	412

Entscheidungsregister

Datum/Aktenzeichen	Fundstellen	Randzahl
23.11.1979 - 12 /7 RAr 76/78	ZIP 1980, 201 = Breithaupt 1980, S. 713	413
12.02.1980 - 7 RAr 106/78	ZIP 1980, 348	152
12.02.1980 - 7 RAr 26/79	BSGE 49, 291 = SozR 4100 § 145 Nr. 1	192
20.03.1980 - 7 RAr 4/79	Dbl R der BA Nr. 2530 zu § 119 AFG	365
19.06.1980 - 7 RAr 14/79	Dbl R der BA Nr. 2652 zu § 104 AFG	270, 271
27.06.1980 - 8b/12 RAr 8/79	BSGE 50, 174 = ZIP 1980, 781 = AP Nr. 4 zu § 141b AFG = KTS 1981, 102 = SozR 4100 § 141b Nr. 13	26
23.09.1980 - 7 RAr 108/79	Breithaupt 1981, S. 627	305
30.10.1980 - 8b/12 RAr 7/79	BSGE 50, 269 = ZIP 1981, 37 = SozR 4100 § 141b Nr. 14	67
27.11.1980 - 8b/12 RAr 10/79	ZIP 1981, 134 = SozR 4100 § 141b Nr. 15	20
18.12.1980 - 8b RAr 5/80	BSGE 51, 105 = ZIP 1981, 637	99
29.01.1981 - 12 RK 63/79	BSGE 51, 164	6
17.02.1981 - 7 RAr 90/79	Breithaupt 1982, S. 239	355
17.03.1981 - 7 RAr 20/80	Dbl R der BA Nr. 2529 zu § 151 AFG	349
30.04.1981 - 10/8b/12 RAr 11/79	BSGE 51, 296 = ZIP 1981, 748 = SozR 4100 § 141b Nr. 18	68, 69, 174, 196
05.06.1981 - 10/8b RAr 3/80	BSGE 52, 40 = ZIP 1981, 1112 = SozR 4100 § 186a Nr. 10	34
25.08.1981 - 7 RAr 44/80	Dbl R der BA Nr. 2731 zu § 119	346, 348
25.09.1981 - 12 RK 58/80	SozR 2200 § 405 Nr. 10	415
12.11.1981 - 7 RAr 21/81	Breithaupt 1982, S. 720	350
23.11.1981 - 10/8b RAr 6/80	BSGE 53, 1 = ZIP 1982, 469 SozR 4100 § 141b Nr. 21	37
23.11.1981 - 10/8b RAr 8/80	ZIP 1982, 718 = SozR 4100 § 141a Nr. 6	44
10.12.1981 - 7 RAr 24/81	Breithaupt 1982, S. 912	363
25.03.1982 - 10 RAr 7/81	BSGE 53, 212 = ZIP 1982, 1336 = SozR 4100 § 145 Nr. 2	146, 149
24.06.1982 - 12 RK 43/81	BB 1984, 1049	9
22.07.1982 - 7 RAr 115/81	SozR 1500 § 93 Nr. 1	272

Entscheidungsregister

Datum/Aktenzeichen	Fundstellen	Randzahl
29.07.1982 - 10 RAr 9/81	ZIP 1982, 1230 = AP Nr. 5 zu § 141b AFG = KTS 1983, 140 = SozR 4100 § 141b Nr. 24	5
23.09.1982 - 10 RAr 10/81	ZIP 1983, 103 = SozR 2100 § 7 Nr. 7	11
09.12.1982 - 7 RAr 120/81	Dbl R der BA Nr. 2832 zu § 118 AFG	335
09.12.1982 - 7 RAr 35/82	Dbl R der BA Nr. 2819 zu § 15 AFG	272
24.03.1983 - 10 RAr 15/81	BSGE 55, 62 = ZIP 1983, 965 = SozR 4100 § 141b Nr. 26	98, 127
26.08.1983 - 10 RAr 1/82	BSGE 55, 284 = ZIP 1983, 1353 = SozR 4100 § 141e Nr. 5	55, 57, 59
26.08.1983 - 10 RAr 26/81	BSGE 55, 195 = ZIP 1983, 1224 = SozR 4100 § 141b Nr. 27	71, 175, 191, 193
21.09.1983 - 10 RAr 6/82	ZIP 1984, 469 = SozR 4100 § 141b Nr. 28	14, 42
20.10.1983 - 7 RAr 41/82	BSGE 56, 20	393
09.11.1983 - 7 RAr 58/82	SozR 4100 § 118 Nr. 12	338
24.11.1983 - 10 RAr 12/82	ZIP 1984, 345 = SozR 4100 § 141b Nr. 29	121
02.02.1984 - 10 RAr 8/83	ZIP 1984, 1366 = SozR 4100 § 141n Nr. 6	78
29.02.1984 - 10 RAr 14/82	ZIP 1984, 1123 = SozR 4100 § 141b Nr. 30	28, 70, 72
29.02.1984 - 10 RAr 20/82	ZIP 1984, 1249; dazu EWiR 1994, 171 (Griebeling)	83
20.03.1984 - 8 RK 4/83	BSGE 56, 208	102
12.04.1984 - 7 RAr 28/83	Breithaupt 1985, S. 242	343, 345
23.10.1984 - 10 RAr 6/83	ZIP 1985, 173 = SozR 4100 § 141e Nr. 7; dazu EWiR 1985, 7 (H. Hess)	57, 58, 142, 183
23.10.1984 - 10 RAr 12/83	ZIP 1985, 109 = AP Nr. 8 zu § 141b AFG = KTS 1985, 338 = NJW 1985, 3040 = SozR 4100 § 141b Nr. 33; dazu EWiR 1985, 3 (Gagel)	47
16.11.1984 - 10 RAr 17/83	ZIP 1985, 364 = SozR 4100 § 141b Nr. 34; dazu EWiR 1985, 5 (H. Hess)	59, 63
28.02.1985 - 10 RAr 19/83	ZIP 1985, 626 = SozR 4100 § 141b Nr. 35; dazu EWiR 1985, 423 (H. Hess)	75
10.04.1985 - 10 RAr 11/84	ZIP 1985, 753 = SozR 4100 § 141e Nr. 8; dazu EWiR 1985, 425 (Gagel)	61
27.06.1985 - 10 RAr 16/84	ZIP 1985, 1149 = SozR 4100 § 141d Nr. 1	125
06.11.1985 - 10 RAr 3/84	BSGE 59, 107 = ZIP 1986, 100 = SozR 7610 § 613a Nr. 5; dazu EWiR 1986, 105 (Grunsky)	198

Entscheidungsregister

Datum/Aktenzeichen	Fundstellen	Randzahl
19.02.1986 - 10 RAr 14/84	BSGE 60, 7 = BB 1986, 1368 (LS) = KTS 1986, 491 = NZA 1986, 543 (LS) = SGb 1986, 284	123
19.03.1986 - 10 RAr 8/85	ZIP 1986, 791 = SozR 4100 § 141b Nr. 37; dazu EWiR 1986, 739 (Gagel)	52
17.04.1986 - 7 RAr 81/84	NZA 1987, 678	281
22.04.1986 - 10 RAr 7/85	ZIP 1986, 853 = SozR 7910 § 59 Nr. 19 = Beiträge 1986, 204; dazu EWiR 1986, 825 (Plagemann)	418
22.04.1986 - 10 RAr 12/85	ZIP 1986, 852 = BB 1986, 1440 = SozR 4100 § 160 Nr. 6 = Beiträge 1986, 208; dazu EWiR 1986, 741 (Plagemann)	205, 417
11.03.1987 - 10 RAr 2/85	ZIP 1987, 796	130
11.03.1987 - 10 RAr 1/86	ZIP 1987, 795 = AP Nr. 11 § 141b AFG = KTS 1987, 525 = SozR 4100 § 141 Nr. 1	17
22.04.1987 - 10 RAr 6/86	BSGE 61, 282 = ZIP 1987, 924 NZA 1987, 614 = SozR 4100 § 141a Nr. 8; dazu EWiR 1987, 837 (Timm)	13
20.05.1987 - 10 RAr 11/86	NZA 1987, 718	103
12.08.1987 - 10 RAr 9/86	NZA 1988, 179	86
10.09.1987 - 10 RAr 13/86	BSGE 62, 131 = ZIP 1987, 1264 = BB 1988, 276	89, 92
11.01.1988 - 7 RAr 88/87	BSGE 64, 233 = AP Nr. 1 zu § 133 AFG = SozR 4100 § 145 Nr. 4; dazu EWiR 1989, 627 (Gagel)	392
23.02.1988 - 12 RK 36/87	SozR 2200 § 172 Nr. 20	233
21.04.1988 - 7 RAr 32/86	SozR 4100 § 112 Nr. 36	315
20.07.1988 - 12 RK 1/88	BSGE 64, 6 = ZIP 1988, 1475 = SozR 7910 § 59 Nr. 24; dazu EwiR 1988, 1147 (Irschlinger)	104
10.08.1988 - 10 RAr 5/87	KTS 1989, 178	124
07.09.1988 - 10 RAr 13/87	ZIP 1988, 1585 = SozR 4100 § 141b Nr. 42	87
11.01.1989 - 10 RAr 7/87	ZIP 1989, 460 = KTS 1989, 698 = NZA 1989, 485 = SozR 4100 § 141b Nr. 43	29
22.02.1989 - 10 RAr 7/88	KTS 1989, 702	52
14.03.1989 - 10 RAr 6/87	ZIP 1989, 1415	111, 116

Entscheidungsregister

Datum/Aktenzeichen	Fundstellen	Randzahl
17.05.1989 - 10 RAr 10/88	ZIP 1989, 1270 = AP Nr. 12 zu § 141b AFG = KTS 1989, 913 = NZA 1989, 773 = SozR 4100 § 141b Nr. 46	30
18.07.1989 - 10 RAr 11/88	NZA 1990, 118	31
03.10.1989 - 10 RAr 7/89	ZIP 1990, 63 = SozR 4100 § 141b Nr. 49; dazu EWiR 1990, 835 (Gagel)	65
29.11.1989 - 7 RAr 138/88	SozR 4100 § 104 Nr. 47	262
18.01.1990 - 10 RAr 10/89	ZIP 1990, 524 = SozR 3-4100 § 141b Nr. 1; dazu EWiR 1990, 419 (Grub)	88, 92
29.08.1991 - 7 RAr 130/90	NZA 1992, 387	395
18.09.1991 - 10 RAr 12/90	BSGE 69, 228 = ZIP 1992, 347 = KTS 1992, 152 = NZA 1992, 329 = SozR 3-4100 § 141b Nr. 2; dazu EWiR 1992, 105 (Voelzke)	80
17.10.1991 - 11 RAr 139/90	SozR 4100 § 112 Nr. 11	300
30.10.1991 - 10 RAr 3/91	BSGE 70, 9 = ZIP 1992, 197 = KTS 1992, 291 = SozR 3-4100 § 141 Nr. 3; dazu EWiR 1992, 209 (Voelzke)	41
06.02.1992 - 7 RAr 134/90	BSGE 70, 81	269
08.04.1992 - 10 RAr 12/91	BSGE 70, 265 = ZIP 1992, 941 = AP Nr. 3 zu § 141k AFG = KTS 1992, 683 = SozR 3-4100 § 141k Nr. 1; dazu EWiR 1992, 731 (Hanau)	184
29.10.1992 - 10 RAr 14/91	BSGE 71, 213 = ZIP 1993, 372 = KTS 1993, 307 = NJW 1993, 1350 = SozR 3-1300 § 27 Nr. 2; dazu EWiR 1993, 209 (Grunsky)	56, 135
26.11.1992 - 7 RAr 38/92	BSGE 71, 256	361
15.12.1992 - 10 RAr 2/92	ZIP 1993, 689 = KTS 1993, 502 = SozR 3-4100 § 141b Nr. 5; dazu EWiR 1993, 417 (Onusseit)	76, 79, 165
03.03.1993 - 11 RAr 57/92	SozR 3-4100 § 117 Nr. 10; dazu EWiR 1993, 1145 (Steinmeyer)	404
22.09.1993 - 10 RAr 9/91	ZIP 1993, 1816 = KTS 1994, 135 = SozR 3-4100 § 141b Nr. 7; dazu EWiR 1993, 1147 (Gagel)	39, 40
22.09.1993 - 10 RAr 11/91	ZIP 1993, 1719 = KTS 1994, 138 = SozR 3-4100 § 141b Nr. 8; dazu EWiR 1994, 3 (Plagemann)	62
15.12.1993 - 11 RAr 95/92	BSGE 73, 263 = SozR 3-4100 § 112 Nr. 16	314
21.06.1994 - 11 RAr 101/93	Dbl R der BA Nr. 4141 zu § 112 ARG	314

Entscheidungsregister

Datum/Aktenzeichen	Fundstellen	Randzahl
14.07.1994 - 7 RAr 104/93	SozR 3-7100 § 117 Nr. 11	327
27.09.1994 - 10 RAr 5/92	ZIP 1994, 1968; dazu EWiR 1995, 1 (H. Hess)	105
27.09.1994 - 10 RAr 6/93	ZIP 1994, 1873 = AP Nr. 16 zu § 141b AFG = KTS 1995, 110 = SozR 3-4100 § 141b Nr. 11	105
27.09.1994 - 10 RAr 7/93	ZIP 1994, 1875 = KTS 1995, 113 = SozR 3-4100 § 141b Nr. 12	105
09.02.1995 - 7 RAr 34/94	SozR 3-4100 § 119a Nr. 2	361
09.02.1995 - 7 RKr 76/94	Dbl R der BA Nr. 4201 zu § 168 AFG	226
22.03.1995 - 10 RAr 1/94	BSGE 76, 67 = ZIP 1995, 935 = BB 1995, 1648 = WM 1995, 2198 = SozR 3-4100 § 141b Nr. 2; dazu EWiR 1995, 729 (Irschlinger)	49, 186, 187
20.06.1995 - 10 RAr 6/94	ZIP 1995, 1534; dazu EWiR 1995, 937 (Gagel)	129
09.11.1995 - 11 LAr 27/95	SozR 3-4100 § 119 Nr. 9	344
15.11.1995 - 7 RAr 32/95	SozR 3-4100 § 119a Nr. 3	359
12.12.1995 - 10 RAr 1/95	ZIP 1996, 758 = SozR 3-4100 § 141n Nr. 4	49
14.12.1995 - 11 RAr 75/95	SozR 3-4100 § 105 Nr. 2	279, 370
14.03.1996 - 7 RAr 38/95	NJW 1997, 148 = NZA 1996, 534	263
21.03.1996 - 11 RAr 101/94	SozR 3-4100 § 112 Nr. 25	302
30.04.1996 - 10 RAr 2/94	ZIP 1996, 1439 = AP Nr. 4 zu § 141k AFG = KTS 1996, 592 = SozR 3-4100 § 141k Nr. 3; dazu EWiR 1996, 769 (Peters-Lange)	188
30.04.1996 - 10 RAr 8/94	ZIP 1996, 1623; dazu EWiR 1996, 961 (Peters-Lange)	51, 55
03.12.1996 - 10 RAr 7/95	ZIP 1997. 1040; dazu EWiR 1997, 625 (Voelzke)	110
30.01.1997 - 10 RAr 6/95	ZIP 1997, 1120	12

LSG Baden-Württemberg

Datum/Aktenzeichen	Fundstellen	Randzahl
25.03.1983 - L 3 Ar 986/81	unveröffentlicht	351
18.05.1995 - L 12 Ar 2396/95	unveröffentlicht	370

Entscheidungsregister

Bayerisches LSG

Datum/Aktenzeichen	Fundstellen	Randzahl
25.09.1984 - L 11/Bl 298/83	NZA 1985, 608	346

Hessisches LSG

Datum/Aktenzeichen	Fundstellen	Randzahl
29.10.1975 - L 1 Ar 81/75	Dbl R der BA Nr. 2092 zu § 119 AFG	366

Schleswig-Holsteinisches LSG

Datum/Aktenzeichen	Fundstellen	Randzahl
18.01.1980 - L 1 Ar 1/77	Breithaupt 1980, S. 607	364

Aktuelle RWS-Literatur zum Insolvenzrecht

Gerhardt/Kreft
Aktuelle Probleme der Insolvenzanfechtung
- KO, GesO, AnfG -

Von Prof. Dr. Walter Gerhardt, Bonn
RiBGH Dr. Gerhart Kreft, Karlsruhe

RWS-Skript 82
7., neubearb. Aufl. 1996
Brosch. 216 Seiten
DM 76,- / öS 555,- / sFr 69,-
ISBN 3-8145-6082-5

Noch kurz vor der Insolvenz werden vom Schuldner oft Vermögensgegenstände zum Nachteil der Gläubiger "verschoben". Angesichts der Vielzahl massearmer Verfahren kommt deshalb der **Konkursanfechtung besondere Bedeutung zu**. Sie bietet - richtig angewandt - die Möglichkeit, benachteiligende Verfügungen über das Schuldnervermögen rückgängig zu machen.

Das RWS-Skript behandelt die vielschichtigen Probleme des Anfechtungsrechts nach KO, AnfG und GesO sehr anschaulich anhand von Fällen aus der aktuellen höchstrichterlichen Rechtsprechung.

Aus den Besprechungen zur Vorauflage:
"Mit einem Wort: Eine 'unanfechtbare' und deshalb uneingeschränkt zu empfehlende Schrift."
*Vors. RiLG Dr. Michael Huber, Passau
DZWir 1995, 396*

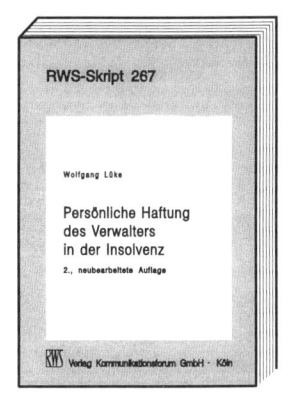

Lüke
Persönliche Haftung des Verwalters in der Insolvenz

Von Prof. Dr. Wolfgang Lüke, LL.M., Dresden

RWS-Skript 267
2., neubearb. Aufl. 1996
Brosch. 124 Seiten.
DM 72,- / öS 526,- / sFr 65,50
ISBN 3-8145-9267-0

Mit zunehmender Bedeutung der Unternehmensfortführung in der Insolvenz haben auch die Fragen der **persönlichen Haftung** des Konkursverwalters **an Bedeutung gewonnen**. Diese Fragen waren in letzter Zeit wiederholt Gegenstand höchstrichterlicher Entscheidungen.

Das RWS-Skript behandelt sowohl die Grundlagen als auch aktuelle Einzelfragen der Konkursverwalterhaftung. Thematisiert wird weiterhin die Haftung des Sequesters, der Mitglieder des Gläubigerausschusses sowie des Vergleichsverwalters und des Sachverwalters. Der Autor gibt einen **umfassenden Überblick** über die zukünftigen Regelungen nach der Insolvenzordnung. Die einschlägigen Normen der Insolvenzordnung und der Verhaltensrichtlinien für als Insolvenzverwalter tätige Rechtsanwälte sind dazu im Anhang abgedruckt.

Hess
Insolvenzrecht

Von RA Dr. Harald Hess, Mainz

RWS-Grundkurs 1
4., neubearb. Aufl. 1996
Brosch. 416 Seiten
DM 69,- / öS 504,- / sFr 62,50
ISBN 3-8145-0961-7

Die Übersichtlichkeit und Anwendbarkeit des Insolvenzrechts wurde durch eine Vielzahl gesetzgeberischer Maßnahmen erheblich beeinträchtigt. Hinzu kommt, daß in den neuen Bundesländern mit der Gesamtvollstreckungsordnung ein eigenes Insolvenzrecht gilt.

Der RWS-Grundkurs **stellt das geltende Konkurs- und Vergleichsrecht anhand praktischer Fallgestaltungen anschaulich dar**. Dabei werden neben dem Verfahrensablauf auch der Betriebsübergang, Fragen des Konkursausfallgeldes und der Konkursstraftaten behandelt.

Die vierte Auflage zeigt Parallelen und Unterschiede zum Verfahren nach der Gesamtvollstreckung auf und stellt die ab 1.1.1999 geltende Insolvenzordnung ausführlich vor. Der Anhang des RWS-Grundkurses enthält **Übungsfälle und Mustervereinbarungen**, die es dem Leser ermöglichen, einen sehr guten Einblick in die praktische Arbeit der Beteiligten zu erhalten.

RWS Verlag Kommunikationsforum GmbH · Köln
Postfach 27 01 25 · 50508 Köln · Telefon (0221) 400 88 - 18 · Telefax (0221) 400 88 - 28 (-47)